슈티르너 비평가들

막스 슈티르너

박종성 옮김·주석

슈티르너 비평가들

Max Stirner, *Recensenten Stirner's*

알렙

Max
Stirner
↓

위 그림은 1842년 '자유인'에 대한 엥겔스의 캐리커처이다. 왼쪽부터 아르놀트 루게(Arnold Ruge, 1802-1880), 루트비히 뷜(Ludwig Bühl, 1816-1880), 칼 나우베르크(Carl Nauwerck, 1810-1891), 브루노 바우어(Bruno Bauer, 1809-1882), 오토 비간트(Otto Wigand, 1795-1870), 에드가 바우어(Edgar Bauer, 1820-1886), 막스 슈티르너(Max Stirner, 1806-1856), 에두아르트 마이엔(Eduard Meyen, 1812-1870), 세 명의 무명의 인물, 카를 쾨펜(Karl Köppen, 1808-1863, 의자에 앉아 있는 사람)이다.

브루노 바우어가 「라인신문」을 밟고 있다. 벽에는 단두대(斷頭臺)가 걸려 있고, 다람쥐가 왼쪽 모서리에 그려져 있다. 이 다람쥐는 프로이센 교육부 장관 아이히호른(Johann Albrecht Friedrich Eichhorn, 1779-1856)을 풍자한 것이다.

옮긴이 서문

『슈티르너 비평가들』의 번역 작업은 막스 슈티르너를 좀 더 이해하기 위한 도전이었다. 왜냐하면 1844년에 『유일자와 그의 소유』[1]가 출간된 뒤, 슈티르너에 대한 헤스, 포이어바흐, 스첼리

---

1) 당시의 초판본만 나열하면 다음과 같다. 프랑스어: *L'unique et sa propriété*(1900), 덴마크어: *Den Eneste og hans Ejendom*(1901), 스페인어: *El único y su propriedad*(1901), 이탈리아어: *L'unico*(1902), 러시아어 : *Edinstvennyj i ego dostojanie*(1906), 영어: *The Ego and His Own*(1907), 네덜란드어: *De Eenige en z'n Eigendom*(1907), 스웨덴어: *Den ende och hans egendom*(1910), 이디시어: *Der eyntsiker un zayn eygentum*(1916), 일본어: *Yuiitsusha to sono shoyû*(1920), 세르비아-크로아티아어: *Jedini i njegovo vlastništvo*(1976), 카탈로니아어: *L'únic i la seva propietat*(1986), 헝가리어: *Az egyetlen és tulajdona*(1991, 2부만), 폴란드어: *Jedyny i jego własność*(1995), 중국어: *Wei yi zhe ji qi suo you wu*(1997), 그리스어: *Ο μοναδικὸς και το δικὸ του*(2002), 포르투갈어: *O Único ea sua propriedade*(2004), 체코어: *Jediný a jeho vlastnictví*(2010), 터키어: *Biricik ve Mülkiyeti*(2013), 한국어: 『유일자와 그의 소유』(부북스, 2023).

가의 비평이 있었고, 다시 이 비평들에 대한 슈티르너의 비평이 있었는데, 그 글이 바로 1845년에 발표된 『슈티르너 비평가들』이기 때문이다. 우선, 슈티르너는 열정과 비꼼으로 가득 찬 직설적이고 매우 단순한 언어를 사용하여 어려운 생각을 표현한다. 여기서 중요한 것은 그 생각이 함축하고 있는 것이다. 슈티르너의 생각을 한글로 가장 잘 전달할 수 있는 방법 중 하나는 그가 사용하는 용어의 뜻을 결정하는 일이다.

슈티르너 사고의 중심 용어 중 하나는 'der Einzige'이다. 나는 이 말을 '유일자'로 번역했다. 슈티르너에게 'Einzige'는 단순히 정의(定義)를 넘어서는 것이고 말로 표현할 수 없는 것을 가리키는 이름이다. '유일자'는 어떤 사람에 대해 한정하여 무엇인가를 말하는 것이 아니다. "유일자는 불확정성 그 자체(Bestimmungslosigkeit selber)이다."[2] '유일자'는 언어를 넘어선 단순한 이름을 뜻한다. 슈티르너는 '유일자'의 사용을 '루트비히(Ludwig)'와 같은 고유명사를 사용하는 방식과 비교한다. '루트비히'라는 단어는 지정된 사람에 대해 아무것도 알려주지 않는다. 하지만 만약 당신이 말

---

2) 다음의 『슈티르너 비평가들』, 독일어본 150쪽을 참조하라. Max Stirner, "Recensenten Stirner's", *Wigand's Vierteljahrsschrift*, Bd. 3(Leipzig: Druck und Verlag von Otto Wigand, 1845), p. 150. 이하에서는 독일어본을 인용할 때 『슈티르너 비평가들』과 쪽수로 표기한다.

하는 사람들이 루트비히를 안다면, 당신이 말하는 사람이 누구인지 명확하게 나타낸다.[3] 하지만 "슈티르너가 **말하는** 것은 하나의 단어, 하나의 생각, 어떤 개념[4]이다. 하지만 그가 **의도한** 것은 결코 단어가 아니고, 생각도 아니며, 개념도 아니다. 그가 말하는 것은 의도했던 것이 아니며 그가 의도한 것은 말할 수 없다."[5]

'유일자'는 이상(理想), 더 높은 실체(實體)가 아니다. '유일자'는 지금 여기에 있는 당신과 나를 가리키는 것이다. 'Einzige'라는 독일어는 '유일자' 혹은 '유일한 사람'으로 가장 적절하게 번역할 수 있다. 그러나 슈티르너의 저작들에서 그가 명백히 이 명사를 개념이 아닌 실제 사람의 삶, 어떤 개념적 해석 이전에 경

---

3) 같은 책, 149쪽.

4) "정신은 추상화를 통해서 현실의 여러 개체에 공통된 특성들의 집합을 분리해 내어, 이 집합들 각각에 이름을 붙일 수 있다. 이렇게 하나의 말이 지시하는 각각의 집합이 하나의 개념이다(예: 누렁이, 바둑이, 복슬이 등으로부터 개념을 만들어 내는 것)", 엘리자베스 클레망, 이정우 옮김, 『철학사전』, 동녘, 1996, 19-20쪽.

5) 슈티르너가 '말하다(sagen)', '의도하다(meinen)'란 단어로 언어유희를 하면서 자신의 주장을 펼치고 있기 때문에, 독일어를 함께 병기하면 다음과 같다. "슈티르너가 **말하는**(sagt) 것은 하나의 단어, 하나의 생각, 어떤 개념이다. 하지만 그가 **의도한**(meint) 것은 결코 단어가 아니고, 생각도 아니며, 개념도 아니다. 그가 말하는 것은 의도했던 것(Gemeinte)이 아니며 그가 의도한 것은 말할 수 없다(unsagbar)." 이런 글쓰기의 느낌은 영어본에서 느낄 수 없다. 슈티르너는 이러한 글쓰기 방식을 자주 사용하고 있다. 『슈티르너 비평가들』, 149쪽.

험한 그대로의 삶을 가리키는 이름으로 사용하려는 의도를 항상 기억해야 한다. 그리고 나는 슈티르너의 책 제목인 "Der Einzige und Sein Eigentum"에서 'Eigentum'을 '소유'로 번역하기로 했다. 그런데 이 단어는 '재산'으로 번역될 수도 있다. 'Eigentum'이라는 단어가 이 두 가지 뜻을 모두 의미한다는 점을 염두에 두어야 할 것이다.

슈티르너의 글은 청년 헤겔주의자들과 당시 독일의 철학적, 사회적 급진주의자들 사이의 논쟁의 맥락에서 튀어나왔다. 따라서 슈티르너는 특정 용어들을 헤겔적(또는 반(反)헤겔적) 방식으로 사용한다. 이 용어들 중 몇 가지를 언급하겠다. 'Begriff'는 '개념'으로 번역했다. 'Entfremdung'을 '소외'로 번역했지만 '이간(離間)'으로도 번역할 수 있다. 헤겔식 사용법에서 'Wesen'은 '본질'로 번역된다. '인간'으로 번역할 수 있는 'Mensch'는 명백히 슈티르너 비평가들이 인간에 내재해 있다고 주장하는 유개념(類槪念)이라는 '본질'을 가리킨다. 슈티르너는 각 개인의 진정한 본질은 사실 헤겔과 다른 헤겔주의자들의 방식과 정반대로 직접적 순간의 구체적, 실제적, 상상할 수 없는, 말로 표현할 수 없는 유일한 존재라고 주장함으로써 이 '본질'이란 관념을 흥미로운 방식으로 뒤집는다.

이 글에서 'Meinung'이란 단어는 네 번만 등장하지만, 헤겔 사상에서는 중요한 의미를 지닌다. 이 단어는 종종 '의견'으로 번역되지만 '관점', '판단' 또는 '평가'로 번역될 수도 있다. 헤겔은 'Meinung'을 단지 구체적 사상(事象)을 구별하는 데에만 사용했을 뿐이므로 보편적 이성이나 보편적 사고라는 의미가 아니다. 슈티르너에게 이러한 보편은 유령이었고 구체적 사상, 즉 더 구체적으로는 특히 나 자신이 중요했다.

> 헤겔은 자신의 것, 나의 것(das Meinige), 곧―'관점(Meinung)'을 전면적으로 거부한다. '절대적 사유'는 그것이 **나의** 사유라는 것, **내가** 생각한다는 것 그리고 나의 것은 **나를** 통해서만 존재한다는 것을 망각하는 그런 사유이다. 그러나 **나**로서의 나는, 나의 것을 다시 꿀꺽 삼켜 넘기고, 나의 것의 주인이다. 그것은 나의 관점일 뿐이다. 나는 나의 관점을 언제라도 **변화시킬** 수 있으며, 다시 말해 무효할 수 있으며, 그것을 다시 내 속에 집어넣고 삼킬 수 있다.[6]

그래서 'Meinung'은 당신과 내가 실제로 세상을 경험하는 방식, 더 간단히 말하면 우리 각자가 자기자신의 관점에서 세상을 경험하

---

6) 막스 슈티르너, 박종성 옮김·주석, 『유일자와 그의 소유』(부북스, 2023)[이하 『유일자와 그의 소유』로 표기], 525쪽.

는 방식이다.[7] 그래서 본문에서 'Meinung'을 '관점'으로 번역했다.

이 글에서 슈티르너는 인본주의 비판의 맥락에서 'Mensch'라는 단어를 사용하므로, 나는 이 단어를 '인간'으로 번역하는 것이 가장 타당하다고 판단했다. 이 글의 몇 구절에서 슈티르너는 'Mensch'를 'Unmensch'와 대조한다.[8] 그런데 슈티르너가 적을 골나게 할 수 있는 방식으로 단어와 생각을 가지고 노는 것을 좋아한다는 것을 알았을 때, 그가 바로 'Unmensch'를 'Mensch'와 대조되는 의미로 이해했을 가능성이 크다고 생각한다. 'Unmensch'를 추상적이고 개념적인 인간과 대조하려는 슈티르너의 의도를 더욱 강조하기 위해, 나는 이 용어를 '인간답지 않은 인간'으로 번역했다. 독일어 'Unmensch'는 '비(非)인간'을 의미하지 않는다. 'Unmensch'는 인간답지 않은 인간, 어떤 사람을 의미한다. 호랑이,

---

7) "그러므로 모든 **관점**은 폐지되어야만 하거나 모든 관점을 개인과 관계없게 만들어야만 한다. 개인은 어떤 관점도 지닐 자격이 없으며, 오히려 자기의지가 국가에 위임되고, 소유가 사회에 위임되듯이, 그렇게 관점 또한 **보편**, 곧 '**인간**'에게 위임되어야만 하고, 그렇게 하여 보편적 인간의 관점이 되어야만 한다." 같은 책, 202쪽. 그리고 그 다음 단락을 보면 개인의 관점은 "자기소유성 혹은 자기중심성"을 의미한다.

8) 『슈티르너 비평가들』, 172-174쪽 참조. 『유일자와 그의 소유』, 275쪽 참조. 『유일자와 그의 소유』의 바잉턴(Byington)의 영어본에서 그는 'Unmensch'를 단순히 '남자다움을 잃은 사람(unman)'으로 번역했다.

양배추 등은 인간답지 않은 인간이 아니다. 그리고 인간답지 않은 인간은 자기중심적 인간을 의미하거나 자기다운 사람을 의미한다."[9]

슈티르너가 '인간답지 않은 인간'을 사용하는 것은 아마도 인간다움에 대한 그의 부정 혹은 거부 때문일 것이다. 그는 이 용어를 개인의 의식적 일탈, 신성의 더럽힘, 반란적 차원을 지칭하는 데 분명히 사용한다.

> 결연한 용기로 비판가를 등진 인간답지 않은 인간이, 동시에 걱정하는 비판가를 외면하고, [162] 비판가의 항의에 영향받지 않고 기분 상하지 않은 채, 그를 그대로 내버려 둔다면 어떻게 될까? (……) 나는 경멸당할 만한 사람이다. 왜냐하면 내가 나의 '보다 나은 자신'을 내 밖에서 찾았기 때문이다. 나는 인간답지 않은 인간이었다. 왜냐하면 내가 '인간다운 인간'을 꿈꾸었기 때문이다. (……) 바로 지금 나는 나 자신이 인간답지 않은 인간으로 여겨지기를 중지한다. 그리고 나를 인간에 견주어 측정하거나 측정당하는 일을 그만두고, 나보다 높은 어떤 것도 인정하기를 중지한다.[10]

---

9) 『유일자와 그의 소유』, 77-78쪽, 주석 81.

10) 같은 책, 230-231쪽.

인간답지 않은 인간 또는 인간답지 않은 것이라는 생각으로부터, 슈티르너는 현대성의 집단주의적 구성에 대한 거부를 설명하는 자기중심성(Egoismus)[11]을 받아들일 뿐만 아니라, 인간, 인간다운 것, 그리고 자기중심적이지 않은 것과 자신을 측정하거나 비교하는 것을 거부하는 유일자 개념을 발전시키기 시작한다. 그가 도달한 자기중심성은 단순히 기독교, 자유주의, 사회주의, 그리고 인본주의에 대한 부정적 대응뿐만이 아니라, 개인의 유일성에 기초한 반란도 재구성한다. 슈티르너의 자기중심성은 사람의 측정, 규범, 즉 추상적 비교에 근거하여 사람의 어떤 측면도 '인간답지 않은 인간' 또는 '인간답지 않은 것'으로서 폐기될 수 있다는 생각을 거부한다. 그는 다른 눈으로 세상을 보고 있다. 다른 눈으로 보는 세상은 다른 세상일 것이다.

뒤집어서 보는 일을 간결하게 표현하기 위해, 이제 나는 다음과 같이 주장한다. 곧 인간이 만물의 척도가 아니라, 오히려 내가 만물의 척도라는 것이다.[12]

---

11) 'Egoismus'을 '이기주의'가 아니라 '자기중심성'으로 번역한 이유는 이 책, 68쪽, 주석 56을 참조.
12) 『유일자와 그의 소유』, 544쪽.

슈티르너는 다음과 같이 흥미롭게 말한다. "그대는 인간답지 않은 인간이다. 이것이 바로 그대가 완전한 인간, 실제적이고, 현실적 인간이며, 완전한 인간인 이유이다."[13]

독일어 단어 'Prädikat'는 '술어' 또는 '속성'(다른 가능성 중에서)으로 번역될 수 있다. 이 글에서 슈티르너는 분명히 신(神)이나 인류를 새로운 신으로서 언급할 때, 이 단어를 사용한다. 따라서 그는 이 단어를 문법적 의미라기보다는 반(反)신학적 의미로 사용하고 있다. 그래서 나는 'Prädikat'를 문법적 용어인 '술어' 대신 신학적 용어인 '속성'으로 번역했다.

'Vorstellung'이라는 단어는 이 글에서 단 두 번만 등장하며, 두 경우 모두 슈티르너의 반대자들이 자기중심성을 묘사하기 위해 선택한 방식과 관련이 있다. 'Vorstellung'은 '표현'으로 번역되는 경우가 많지만, 이보다 훨씬 더 강한 의미를 함축한다. 그것은 사람이 만들어내는 '적극적 묘사'나 '개념화'에 가깝다. 확실히 이 단어는 슈티르너가 그의 적들에 대해 말하는 것이다. 그래서 여기서는 그 단어를 '표상'이라고 번역했다. '표상(Vorstellungen)'의 의미는 상(像)을 마음으로 가져와 그 앞에(Vor) 세운다(stellen)는 뜻이다.

---

13) 『슈티르너 비평가들』, 173쪽.

슈티르너가 'Bedenken'을 비판하는 대목이 있다.[14] 이 단어를 '불안', '양심의 가책', '걱정' 또는 '의심'으로 번역할 수 있다. 이와 관련하여 슈티르너는 보통의 현재 의미와는 다소 다른 의미로 두 다른 단어를 사용한다. 울피 랜드스트라이커는 『슈티르너 비평가들』의 영어본 '옮긴이 서문'에서 이 단어에 대해 다음과 같이 설명한다. 이 단어를 '불안', '양심의 가책', '걱정' 또는 '의심'으로 번역할 수 있다. 이 본문에서 'Bedenken'라는 단어는 그가 '도덕적 양심의 가책'을 말하고 있음이 분명하다. 따라서 'Bedenklichkeit'와 'Unbedenklichkeit'을 문맥상 전자의 경우 '양심 있음'으로, 후자의 경우 '양심 없음'으로 번역할 경우에만 의미가 있다. 오늘날 독일어에서 'Bedenklichkeit'는 일반적으로 '진지함', '불확실함' 또는 '걱정'으로 번역된다. 그리고 'Unbedenklichkeit'는 보통 '무해함'으로 번역된다. 이 글에서 그는 'Bedenken', 'Denken' 및 'Gedenken'으로 자주 언어유희를 하므로, 그가 '양심 있음'은 불안을 유발하고 양심 있음이라는 도덕적 교리에 비해 양심 없음은 무해하다는 것을 의미하는 두 다른 단어로 언어유희를 했을 가능성이 있다. 그래서 나는 'Bedenklichkeit'을 '양심 있음'으로,

---

14) 『슈티르너 비평가들』, 165-170쪽 참조. 그리고 『유일자와 그의 소유』, 138-139쪽, 152쪽, 410쪽, 501쪽, 529쪽 참조.

'Unbedenklichkeit'를 '양심 없음'으로 번역했다.

모든 번역이 그러하듯이, 『슈티르너 비평가들』의 번역은 힘들었다. 하지만 그 일은 즐거운 일이었다.

냉이꽃이 피기 시작하는 계절에

일러두기

* 이 책은 Max Stirner, "Recensenten Stirner's", *Wigand's Vierteljahrsschrift*. Bd. 3(Leipzig: Druck und Verlag von Otto Wigand, 1845), pp. 147-194를 완역한 것이다.

* 번역의 기준 판본으로는 다음 판본을 따른다. Max Stirner, *Parerga, Kritiken, Repliken*, trans. Bernd A. Laska(Nürnberg: LSR-Verlag, 1986), pp. 147-205. 또한 울피 랜드스트라이커(Wolfi Landstreicher)의 영역본 "Stirner's Critics"도 부분적으로 참조했다. 출처는 다음과 같다. Marx Stirner, *Stirner's Critics*, trans. Wolfi Landstreicher(LBC Books and CAL Press, 2012).

* 옮긴이의 첨언은 [ ]로 표시했고, 원문을 참고할 필요가 있는 독자들이 쉽게 찾아 볼 수 있도록 하기 위해 본문 중에 독일어 원본의 쪽수도 / /으로 표시했다. 원서에서 이탤릭체로 강조한 부분은 본서에서는 진하게 강조했다.

* 본문에서 인용하는 『유일자와 그의 소유』의 내용과 쪽수는 막스 슈티르너, 박종성 옮김·주석, 『유일자와 그의 소유』(부북스, 2023)를 따랐다.

* 본문의 각주는 모두 옮긴이 주이다.

차례

슈티르너와 그의 시대 사상가들

헤겔

게오르크 빌헬름 프리드리히 헤겔(Georg Wilhelm Friedrich Hegel, 1770-1831)은 독일 관념론을 완성한 것으로 평가받는 프로이센의 철학자이다. 1770년 독일 바덴뷔르템베르크주의 주도인 슈투트가르트에서 태어났으며, 1778년부터 1792년까지 튀빙겐 신학교에서 수학했다. 1793년부터 1800년까지 스위스의 수도인 베른과 독일 프랑크푸르트에서 가정교사 생활을 했고, 1807년 직전까지 예나 대학에서 사강사 생활을 했다. 1808년부터 1816년까지 뉘른베르크의 한 김나지움에서 교장직을 맡았고, 2년간 하이델베르크 대학에서 교수직을 역임한 후, 1818년 베를린 대학 교수로 취임했다. 슈티르너는 1826년 10월 베를린 대학교에서 철학 공부를 시작했다. 그의 가장 큰 철학적 상대이자 『유일자와 그의 소유』를 위한 영감의 원천 중 한 사람인 루트비히 포이어바흐가 그 학기에 신입생으로 합류했다. 또 다른 원천은 베를린 대학의 철학 교수였던 헤겔이었다. 슈티르너는 2학기부터 헤겔의 강좌를 듣기 시작했다. 헤겔의 첫 강좌는 '종교철학'이었다. 이듬해에는 헤겔이 가르치는 '철학과 심리학의 역사'와 '인류학, 곧 정신의 철학'을 들었다. 헤겔의 주요 저서로는 『정신현상학』, 『대논리학』, 『엔치클로페디』, 『법철학 강요』, 『미학 강의』, 『역사철학강의』 등이 있다. 1831년 콜레라로 사망했다. 그의 사상은 국가, 종교, 철학을 아우르는 하나의 원리를 지향한다. 그래서 헤겔은 프로이센이라는 국가와 프로이센의 개신교 교리를 자신의 철학과 조화시키고자 했다. 그의 철학은 국가를 절대정신이 구현된 완전한 전체로 본다. 그리고 프로이센이야말로 그러한 이상이 잘 실현된 보편국가라고 주장했다. 국가를 긍정적으로 보는 헤겔의 철학은 프로이센 정부의 입맛에 맞는 것이었다. 그래서 실제로 프로이센 정부는 헤겔 철학을 권장하고 활용했다. 이러한 헤겔 철학을 비판한 마르크스를 비롯한 청년 헤겔학파들이 프로이센 정부의 탄압을 받은 것은 당연한 것이었다.

비간트

오토 프리드리히 비간트(Otto Friedrich Wigand, 1795-1870)는 독일의 출판 인이자 정치인이었다. 그의 출판사는 루게와 포이어바흐의 문학 작품을 출판했다. 그는 두 사람 모두와 친밀하고 우호적인 관계를 유지했다. 그러나 많은 독일 급진주의자들을 지지했던 출판업자 오토 비간트는 또한 막스 슈티르너의 『유일자와 그의 소유』(1844)를 출판했다. 이 책에서 슈티르너는 청년 헤겔학파, 특히 포이어바흐를 강력하게 공격했다. 또한 비간트는 1841년에 요한 야코비(Johann Jacoby)의 『동프러시아인이 대답한 네 가지 질문』을 출판했고, 1845년에는 프리드리히 엥겔스가 쓴 『영국노동계급의 상황』을 출판했다. 카를 마르크스의 『자본』 제1권 초판도 그의 라이프치히 인쇄소에서 제작되었으며, 이 책은 1867년 함부르크 출판사 오토 마이스너(Otto Meissner)에 의해 출판되었다. 1846년 비엔나 정부는 비간트와 레클람(Anton Philipp Reclam)의 출판물 배포를 금지했다. 3월 혁명 이후 비간트는 라이프치히 시의회 의원이자 주의회 의원이 되었다. 1864년에 그는 사업을 그만두고 경영권을 아들 칼 휴고(Carl Hugo)에게 넘겼다. 6년 후 그는 라이프치히에서 75세의 나이로 사망했다.

포이어바흐

루트비히 안드레아스 폰 포이어바흐(Ludwig Andreas von Feuerbach, 1804-1872)는 독일의 철학자·인류학자이다. 포이어바흐는 성직자가 되기 위해, 하이델베르크 대학교에 입학했다. 그는 당시 유력했던 헤겔의 철학에 흥미를 가져, 베를린 대학교에 등록하여 헤겔 밑에서 2년간 제자 생활을 했다. 이후, 헤겔의 영향력은 점점 사라져갔다. 포이어바흐는 청년 헤겔학파에 가입했는데, 이 단체는 헤겔 좌파로도 불렸으며 헤겔 철학의 급진적인 갈래들을 종합했다. 현존하는 서양 문화와 제도적 형태를 의미하는 역사를 통해 헤겔의 정신의 변증법적 진보를 해석하면서, 특히 기독교를 폐기하려 했다. 그의 주요 저작인 『기독교의 본질』(1841)의 목표는 신학에 인간성을 부여하는 것이다. 그는 인간은 이성적인 한에서는 스스로를 자신의 사고의 대상으로 할 수 있다고 주장했다. 이 책의 출간 후, 1844년에 막스 슈티르너가 포이어바흐에 대한 신랄한 비판을 했다. 그는 『유일자와 그의 소유』에서 포이어바흐의 무신론에 모순점이 많은 것을 공격한다. 마르크스와 엥겔스는 포이어바흐의 무신론에 크게 영향을 받았으나, 유물론에 대한 모순된 태도에 대해서는 비판하기도 했다. 1860년 도자기 공장의 실패로 포이어바흐는 궁핍한 삶을 살아야 했다. 몰락의 긴 세월 이후, 그는 1872년 9월 13일 사망했다.

바우어

브루노 바우어(Bruno Bauer, 1809-1882)는 독일 출신의 신학자 · 철학자 · 역사학자이다. 그는 청년 헤겔학파의 대표적인 존재로서 많은 저작을 썼고, 청년 헤겔학파에서 주도적인 역할을 했다. 젊은 시절의 마르크스도 바우어의 영향 아래에서 헤겔 철학을 배웠다. 바우어는 성직자가 되기 위해 베를린 대학교에 진학했다. 당시, 그는 독일에서 열풍을 일으키고 있던 철학자 헤겔의 강의를 듣는다. 20세에는 칸트의 미학론에 관한 논문을 집필하고, 헤겔의 절찬을 받는다. 헤겔은 1831년 세상을 뜨지만, 바우어는 1834년 학위 취득과 동시에 신학부 강사로서 교단에 선다. 이 무렵에는 '충실한 헤겔 학도(즉, 노(老)헤겔파)'로서, 헤겔 철학에 대해 강의를 하기도 하고, 마르하이네케 등과 함께 헤겔의 종교철학을 편찬하기도 했다. 1839년에는 본 대학으로 이적한 후 사강사(私講師)로서 강의했으며, 1840년에는 『요한의 복음사 비판』을, 1841년에는 『공관복음의 복음사 비판』을 발표했다. 이때부터 바우어는 헤겔 우파에서 결별하고 헤겔 좌파로 입장을 바꾼다. 바우어는 베를린의 헤겔 좌파들로 구성된 그룹 '자유인'의 대표적인 인물이 되어, 포이어바흐나 슈티르너 등과 함께 당시의 국가, 정치, 종교에 대한 이야기를 나눴다.

헤스

모제스 헤스(Moses Hess, 1812-1875)는 유대인 상인의 아들로 본에서 태어났다. 그는 독학으로 독일 철학을 공부했다. 그는 『인류의 거룩한 역사』

(1837) 및 『유럽 삼두제』(1841)를 저술하여 독일 초기 사회주의 사상의 선구자 중 한 명이 된다. 『유럽 삼두제』를 출판한 후 헤스는 1841년 여름부터 《라인신문》 발행 준비에 참여했고, 신문이 발생된 후에는 사실상의 편집주간을 맡았다. 마르크스와의 만남은 같은 해 8월 말이나 9월 초이고, 엥겔스와의 만남은 1842년 10월 초의 일이다. 1842년 10월부터 마르크스가 《라인신문》의 편집주간이 된 후 헤스는 이 신문의 통신원으로서 파리로 간다. 거기에서 독일인 및 프랑스인 공산주의자, 사회주의자들과 접촉했다. 헤스는 엥겔스를 공산주의로 만든 것은 자신이라고 자부하는데, 당시 헤스는 《라인신문》을 비롯해 다수의 신문과 잡지에 기고하여 철학적 공산주의의 논객으로 알려지며, 『스위스에서 보낸 21보겐』(1843)에 게재된 「행위의 철학」이나 「사회주의자와 공산주의자」, 또한 1844년에 《독불연지》를 위해 집필된 「화폐체론」은 청년 마르크스에게 영향을 주었다. 1845년 9월부터 다음해 3월까지 헤스는 마르크스, 엥겔스와 함께 브뤼셀에 체류하며 『독일 이데올로기』의 공동작업에 종사하지만 그들의 친밀한 관계는 그것이 마지막이었다. 헤스는 모든 역사를 경제적 원인과 계급 투쟁(마르크스와 엥겔스처럼)의 기반으로 삼는 것을 꺼렸고, 인종이나 국적의 투쟁을 역사의 가장 중요한 요인으로 보게 되었다. 헤스는 독일의 사회주의 노동운동에도 적극적으로 관여해 페르디난트 라살에게 협력하며, 나중에 국제노동자협회에서는 마르크스를 지지했다. 만년의 헤스는 유대민족주의적 사상과 국제주의적 노동운동의 틈바구니에서 흔들렸다.

스첼리가

프란츠 프리드리히 스첼리가 폰 치츨린스키(Franz Friedrich Szeliga von Zychlinski, 1816-1900)는 프로이센의 보병 장군이다. 치츨린스키는 쿨름과 베를린의 사관학교에서 교육받은 후 1833년 프로이센 육군 제24보병연대에 소위로 편입되었다. 1840년대 젊은 장교이자 청년 헤겔주의자였던 치츨린스키는 브루노 바우어를 중심으로 한 베를린 '자유인' 모임과 가까웠다. 그는 '프란츠 스첼리가(Franz Szeliga)'라는 필명으로 글을 발표했다. 1845년, 마르크스와 엥겔스는 『신성가족』에서 외젠 쉬(Eugène Sue)의 『파리의 비밀(Les Mystères de Paris)』에 대한 스첼리가의 비평을 인용하여 바우어 등이 주장하는 자선주의적 사회 개량을 비판한다. 치츨린스키는 또한 막스 슈티르너의 『유일자와 그의 소유』에 대해 《북독일 신문》에서 자세히 논의했다. 슈티르너는 스첼리가의 이 글에 대해서 『슈티르너 비평가들』로 응전했다.

마르크스

카를 마르크스(Karl Marx, 1818-1883)는 독일의 공산주의 혁명가, 혁명적 사회주의자, 철학자, 경제학자, 역사학자, 사회학자, 정치 이론가, 언론인이다. 마르크스는 혈통적으로 유대계였다. 트리어 출신이며 대학에서 법학과 철학을 전공했다. 1836년 10월, 마르크스는 베를린에 도착했다. 베를린 대학교 첫 학기 때 마르크스는 진보적 헤겔주의를 대표하는 에두아르트 간스, 역사법학파를 대표하는 카를 폰 자피크니 등의 강의를 수강했다. 그러나 법학을 공부하고는 있었지만 그의 관심은 언제나 철학에 있었다. '철학 없이 무엇도 성취될 수 없다'는 생각에 법학과 철학을 같이 공부할 방법을 모색했다. 마르크스는 당시 막 타계했었던 철학자 게오르크 헤겔의 사상에 지대한 관심을 가졌다. 그는 헤겔 철학 사상 토론 동아리인 '박사클럽(Doktorklub)'을 통해 이른바 청년 헤겔학파라 불리는 사상가들과 만났다. 청년 헤겔학파는 루트비히 포이어바흐와 브루노 바우어를 중심으로 모여든 집단으로, 변증법을 이용해 기존 사회, 정치, 종교를 급진적 관점에서 비판했다. 1840년에는 브루노 바우어와 함께 헤겔의 『종교철학강의』를 편집하기 시작했다. 또 박사학위 논문인 「역사법학파 철학선언」을 1841년에 완성했다. 이 논문은 특히 베를린 대학교의 보수적인 교수들 사이에서 논쟁적이었다. 마르크스는 논문 제출을 취소하고, 좀 더 진보적인 분위기의 예나 대학교로 가서 거기에 논문을 다시 제출했다. 그래서 마르크스는 1841년 4월 예나 대학교 철학박사 학위를 받았다. 1842년 마르크스는 쾰른으로 이사 가서 언론인이 되었다. 급진 성향의 《라인신문》에 논설을 기고했는데, 젊은 시절 마르크스의 사회주의에 관한 시각과 경제에 대한 관심 등을 이 글들을 통해 알 수 있다. 1843

년《라인신문》에서 러시아 군주제를 혹독하게 비판하는 기사가 실렸다. 러시아 황제 니콜라이 1세는《라인신문》폐간을 요구했고, 프로이센 정부가 이를 수용함으로써《라인신문》은 폐간되었다. 1843년, 마르크스는 프랑스 파리에서 새로 창간된 급진 좌파 언론《독불연지》의 공편자로 취직했다. 1844년 8월 28일, 마르크스는 후일 평생의 지원자가 되는 프리드리히 엥겔스를 처음 만났다. 엥겔스는 마르크스에게 자기가 최근 출간한『영국노동계급의 상황』을 보여주었고, 노동계급이 역사의 최종 혁명의 주체이자 수단이 될 것이라고 논했다. 곧 마르크스와 엥겔스는 서로 마음이 맞아 마르크스의 옛 친구인 브루노 바우어를 공격하는 데 합작했다. 그 결과물은 1845년『신성가족』으로 출간되었다. 마르크스는 막스 슈티르너나 루트비히 포이어바흐 같은 청년 헤겔학파에게 큰 영향을 받았지만, 결국 엥겔스와 함께 포이어바흐 유물론마저 등지게 되었다. 마르크스가 1845년 4월과 5월경 브뤼셀에서『독일 이데올로기』의 초고를 작성하고 엥겔스가 이를 편집했다.『독일 이데올로기』는 두 권으로 구성되어 있다. 제1권 제목은 "최근 독일 철학의 대표자 포이어바흐, 브루노 바우어, 슈티르너에 대한 비판"이다. 제2권 제목은 "독일 사회주의의 여러 예언자에 대한 비판"이다. 슈티르너에 대한 '비판'은 제1권의 대략 3분의 2를 차지한다. 그들의 비판에 할애된 시간, 정력, 페이지 수를 보면 마르크스와 엥겔스는 포이어바흐나 바우어보다 슈티르너에게 더 마음이 동요한 것처럼 보인다. 또는 그들은 슈티르너가 더 골치 아픈 철학자이고 버리기가 더 어렵다고 생각했다. 마르크스와 엥겔스가 슈티르너는 사회주의자가 아니라고 정확하게 평가했기 때문에『독일 이데올로기』제2권에는 슈티르너에 대한 논의가 포함되어 있지 않다. 슈티르너는 엥겔스와 자주 교류했지만 마르크스와 슈티르너가 직접 마주한 적이 있었는지는 정확히 알려져 있지 않다. 마르크스의 대표작은 1848년 출간된 소책자『공산당 선언』과 3권짜리『자본』이 있다. 그 외에도『경제학 철학 초고』(1844),『철학의 빈곤』(1847) 등이 있다. 1881년 12월 아내 예니가 죽었다. 마르크스는 1883년 5월 31일, 향년 63세의 무국적자로 사망했다.

엥겔스

프리드리히 엥겔스(Friedrich Engels, 1820-1895)는 독일의 사회주의 철학자 · 경제학자로 카를 마르크스와 함께 마르크스주의, 과학적 사회주의 이론, 변증법적 및 사적 유물론의 창시자이며, 국제 노동자 계급운동의 지도자였다. 독일 라인주의 바르멘시에서 방적공장 경영자의 가정에서 출생했고, 김나지움을 중퇴한 후 브레멘시의 공장에서 견습으로 근무하다가, 1841년 가을부터는 포병 지원병으로 베를린에서 복무했다. 이 기간에 베를린 대학교에서 헤겔의 강의를 청강했다. 그는 베를린 체류 중에 청년 헤겔학파의 일원이 되었다. 엥겔스가 파리에서 마르크스와 만난 후 1844-1846년에 걸쳐, 공동 저작 『신성가족』과 『독일 이데올로기』를 써서, 헤겔, 포이어바흐, 청년 헤겔학파 등을 추종하는 자들의 철학적 견해를 비판하고, 동시에 변증법적 · 사적 유물론의 토대를 쌓았다. 엥겔스는 슈티르너와 『유일자와 그의 소유』에 대해 아마 틀림없이 가장 악의적이고 증오에 찬 공격을 가한 『독일 이데올로기』의 공동 저자이다. 또한 엥겔스는 프롤레타리아 혁명정당으로 이어진 '공산주의 동맹'을 조직하고, 그 동맹의 강령으로 『공산당 선언』(1848)을 발표했으며, 엥겔스는 『공산당 선언』의 초안인 『공산주의의 원리』를 쓰기도 했다. 그는 1870년에 런던으로 이주하여 마르크스와 함께 일을 했으며, 마르크스의 사후(1883)에는 『자본』 제2-6권의 간행에 몰두하면서, 마르크스 사망 후의 유럽 국가들에 있어 노동운동의 지도적인 중심인물로 활동했다. 1895년 8월 5일 식도암으로 세상을 마쳤으며 그의 유해는 그의 뜻에 따라 해저에 가라앉혀졌다.

슈티르너
비평가들

슈티르너 비평가들

막스 슈티르너의 『유일자와 그의 소유』에 반대하는 다음과 같 /147/ 은 세 가지 주목할 만한 글이 나왔다.

1) 《북독일 신문(*Northern German Gazette*)》 3월호에 실린 「스첼 리가의 비판」.

2) 《비간트의 계간지(*Wigand's Vierteljahrsschrift*)》 마지막 권에 실 린 「『유일자와 그의 소유』와 관련된 『기독교의 본질』에 대하여」.

3) 헤스가 쓴 소책자인 『최후의 철학자들』.

스첼리가는 자신을 비평가로, 헤스는 자신을 사회주의자로 자 처한다, 그리고 두 번째 글의 저자는 포이어바흐이다.

위에 언급된 비평가들은 아니더라도, 최소한 『유일자와 그의 소유』의 다른 독자들에게는 간략한 답변이 유용할 수 있다.

세 명의 반대자는 슈티르너의 책에서 가장 주목받는 단어, 곧 '유일자'와 자기중심적 사람[1]에 대해 서로 의견을 같이했다. 따라서 그러한 의견의 합의를 활용하여 무엇보다도 먼저 언급된 요점을 논평하는 것이 매우 쓸모 있을 것이다.

---

1) 슈티르너가 사용하는 '나'는 'Egoist', 유일자(Einzige)와 같은 의미이다. 나는 'Egoist'를 '자기중심적 사람(Egoisten)'으로 번역했다. 그의 글『유일자와 그의 소유』첫 단락에서 슈티르너는 자신이 살고 있던 그 시대가 '자기중심적 사람'에 대해 경멸을 드러내고 있다는 점을 보여주고 있다. 그러고는 다시 그런 보편적 시각에 대해 반론을 제기하고 있다. 일반적으로 사람들은 'Egoist'를 '이기주의자'로 해석한다. 그러나 이 단어와 관련하여 슈티르너가 전하고자 하는 의미를 이해해야 한다. 슈티르너는 '인간답지 않은 인간(Unmenschen)'을 '자기중심적 인간(egoistischen Menschen)' 혹은 '자기다운 사람(Egoistische)'과 같은 의미로 사용하고 있다. 그리고 이와 대립하는 단어를 '인간다운 인간(Menschlichen)'으로 사용하고 있다. 이렇게 볼 때, 슈티르너는 '나다움' 혹은 '자기다움'을 '인간다움'과 대립시키려는 의도가 강하게 있어 보인다. 또한 '인간다운 인간'과 대립하는 것은 유일자(Einzige)로 이름 붙이고 있다. 또한 슈티르너는 유일자의 '사랑'을 '호혜주의'로 설명한다. 호혜주의를 바탕으로 한 사랑하는 사람을 '이기주의자'로 옮긴다면, 호혜주의와 어울리지 않는다. 이런 이유로 'Egoist'를 '자기다운 사람', 혹은 '자기중심적 사람'으로 번역했다. 같은 지평에서 'Egoismus'를 '이기주의'가 아니라 '자기중심성'으로 번역했다. 슈티르너가 이러한 단어를 사용하는 것은 명명할수 없는, 형언할 수 없는 존재를 말로 표현하기 위한 수단이다. 다시 말해 '유일자'라는 것을 '본질'로 보는 것이 아니다. 이름 붙일 수 없는 것을 '표현하기 위해' 이름 붙인 것뿐이다. 또 다른 근거는 다음과 같다. "뒤집어서 보는 일을 간결하게 표현하기 위해, 이제 나는 다음과 같이 주장한다. 곧 인간이 만물의 척도가 아니라, 오히려 내가 만물의 척도라는 것이다."『유일자와 그의 소유』, 544쪽.

스첼리가가 아주 진지하게 유일자 '되기'를 허용한 이후에, 유일자를 한 '사람'과 동일시하고(4쪽: 유일자는 항상 유일자가 아니 /148/ 고, 항상 성인이 아니고, 오히려 어떤 때는 아이였고 다른 때는 청년이었다.), 유일자를 '세계사의 개인'으로 만들며, 유령의 정의("어떤 생각하지 않는 정신은 어떤 몸이고, 순수하고 단순한 몸은 생각하지 않음이다")[2]가 나온다. 이후, 마침내 유일자는 "**그러므로** 유령들의 유령"이라는 것을 발견한다. 그는 곧 이렇게 덧붙였는데, 즉 "비평가는 세계사에서 바로 고정 관념들이 서로를 대체하는 것으로 보는 것이 아니라, 오히려 창조적 생각들이 끊임없이 발전하는 것으로 보기 때문이다. 그럼에도 불구하고 비평가에게 유일자는 유령이 아니라, 오히려 창조적 자기의식의 어떤 행위이다. 창조적 자기의식은 창조적 자기의식의 시대에, **우리의** 시대에 나타

---

2) "한순간의 결단은 나를 위해 세심한 사유의 노고를 밀쳐내 주고, 사지를 펴는 것은 생각의 고통을 떨쳐버리고, 갑작스러운 도약은 내 가슴으로부터 종교적 세계의 악몽을 날려버리고, 환희의 외침은 해묵은 짐을 벗겨준다. 그러나 생각하지 않음에 갈채를 보내는 엄청난 의미는 사유와 신앙의 긴긴 어둠이 지속되는 한 이해될 수 없다." 같은 책, 234쪽, "생각의 왕국은 마침내 생각의 죽음에 이르게 될 것이다. **나는** 그것의 존속을 파괴하는 사람이다, 왜냐하면 창조자의 왕국에서 그것은 더 이상 자신의 왕국을 형성하지 않고, 국가 속에 국가(Staat im Staate)를 형성하지 않고, 오히려 내 창조적—생각하지 않음의 창조물을 형성하기 때문이다." 같은 책, 523쪽. 이렇게 볼 때 슈티르너에게 사유, 생각, 신앙의 왕국을 파괴하는 것은 '나', 곧 '유일자'의 '창조적' '생각하지 않음'이다. 스첼리가는 유령을 '생각하지 않음'이라고 잘못 이해하고 있다.

나야 하고, 창조적 자기의식의 정해진 임무를 완수해야만 했다."
──그러나 그러한 '행위'는 단지 하나의 '생각', 하나의 '원리'이
자 하나의 책일 뿐이다.

포이어바흐가 '유일자'를 다룰 때, 그는 유일자를 "종개념(種
概念)이나 유개념(類概念)에서 선택된 것으로 여기고 거리낌 없
이 다른 개인들에게 신성하고 불가침한 것으로서 대립된" "유일
한 개체"로 간주한다. 이러한 선택과 대립에 "종교의 본질이 있
다. 이러한 인간, 이러한 유일자, 이러한 비교할 수 없는 존재, 이
러한 예수 그리스도는 오로지 하나님일 뿐이다. 이러한 참나무,
이러한 장소, 이러한 숲, 이러한 황소, 이러한 날은 다른 것이 아니
라 신성한 것이다." 그는 다음과 같이 결론을 내린다. "그대의 머
리에서 천상의 유일자를 쫓아버려라, 하지만 또한 지상에 있는
유일자도 내쫓아버려라."

헤스는 실제로 유일자만을 슬쩍 비꼰다. 우선 그는 '슈티르너'
를 '유일자'와 동일시하고, 그 다음에 유일자에 대해 말한다. "유
일자는 머리도 없고 마음도 없는 몸통이다, 다시 말해 유일자는
바로 그러한 존재의 환상을 가지고 있다.──왜냐하면 유일자는
실제로 정신이 없을 뿐만 아니라, 육체도 없기 때문이다. 유일자
/149/ 는 유일자의 환상에 다름 아니다." 그리고 마지막으로 그는 '유
일자'인 슈티르너에 대한 자신의 판단을 다음과 같이 선언한다.

32

"그는 단지 허풍을 치고 있다."

이로부터 유일자는 "모든 유령들의 유령"으로, "머릿속에서 쫓아버려야 하는 신성한 개인"으로, "핏기 없는 허풍선이"[3]로 나타난다.

슈티르너는 유일자라고 이름을 붙이고 동시에 다음과 같이 말한다. 이름은 유일자라고 이름 붙이지 않는다. 슈티르너가 유일자라고 이름 붙일 때, 슈티르너는 이름을 말로 나타낸 것이고, 유일자는 하나의 이름뿐이라고 덧붙여 말한다. 그래서 슈티르너는 슈티르너가 말하는 것과 다른 어떤 것을 생각한다. 예를 들어 누군가가 그대를 루트비히라고 부를 때, 슈티르너는 일반적 루트비히를 생각하는 것이 아니라, 슈티르너가 말하지 않는 **그대를** 생각하는 것과 같다.

슈티르너가 **말하는** 것은 하나의 단어, 하나의 생각, 어떤 개념이다. 하지만 그가 **의도한** 것은 결코 단어가 아니고, 생각도 아니며, 개념도 아니다. 그가 말하는 것은 의도했던 것이 아니며 그가 의도한 것은 말할 수 없다.[4]

---

3) 독일어 단어를 병기해서 보면, '허풍을 치고 있다(renommiert)'와 '허풍선이 (Renommist)'로 쓰고 있다. 이러한 글쓰기는 슈티르너의 특징이다. 유사한 단어를 사용하여 상대편의 주장을 조롱하는 방식이라고 볼 수 있다.

4) 슈티르너가 '말하다(sagen)', '의도하다(meinen)'란 단어로 언어유희를 하면서

누군가가 인간에 대해 말할 때, 항상 제딴에는 '실제적', '개인 적' 인간에 대해 말하는 것이라고 우쭐해했다. 하지만 어떤 **보편**을 통해, 어떤 속성(屬性)을 통해 **이러한** 인간을 표현하고자 하는한, 그러한 일이 가능했을까? **그러한** 인간을 지칭하기 위해, 어떤 속성에 의존하는 것이 아니라, 오히려 관점, 즉 **말로 다할 수 없는 것**이 주요한 일인 어떤 명칭, 어떤 이름에 호소해야 하지 않을까? 어떤 사람은 아직도 유개념과의 관계에서 자유롭지 못한 '참되고, 완전한 개성'에 안심했다. 그러나 다른 사람은 마찬가지로 완전한 **불확정성**이 아니라, 하나의 **확정성**인 '정신'으로 안심했다. 이 불확정성은 '유일자'의 경우에만 달성되는 것으로 보인다. 왜냐하면 유일자는 **공통의**[5] 유일자로 주어지기 때문이고, 유

/150/ 일자를 **개념**으로, 즉 말할 수 있는 것으로 이해할 때, 유일자는

자신의 주장을 펼치고 있기 때문에, 독일어를 함께 병기하면 다음과 같다. "슈티르너가 **말하는**(sagt) 것은 하나의 단어, 하나의 생각, 어떤 개념이다. 하지만 그가 **의도한**(meint) 것은 결코 단어가 아니고, 생각도 아니며, 개념도 아니다. 그가 말하는 것은 의도했던 것(Gemeinte)이 아니며 그가 의도한 것은 말할 수 없다(unsagbar)." 슈티르너는 '말하는(sagt) 것'과 '의도한(meint) 것'을 구분하면서 "의도한 것은 말할 수 없다(unsagbar)"고 주장한다. 여기서도 단어의 유사성을 이용하여 언어유희를 한다.

5) 이 글에서 이 단어에 대한 설명이 있는데, 바로 "유일자, 즉 아주 공통의 인간 (ganz gemeine Mensch)"이라고 표현한 부분이다. 여기서 알 수 있듯이 모두가 같다는 의미가 아니라, 모두가 유일자로서 공통적이라는 의미로 이해해야 할 것이다.

34

완전히 공허한 것으로, 불확정적 이름으로 나타나므로, 유일자
는 개념을 **넘어선** 내용 혹은 개념을 **벗어난** 내용을 가리키기 때문
이다.[6] 만일 누군가가 유일자를 개념으로 **고정하고**——이 일을 반
대자[7]가 한다면,——개념을 **정의하려고** 노력해야 하므로 필연적으
로 **의도했던** 것과는 다른 무언가에 도달하게 될 것이다. 유일자는
다른 **개념**과 구별해서, 예를 들어 유일자를 '유일한 완전한 개인'
으로 이해한다면, 그런 이해 때문에 '유일한 완전한 개인'은 무
의미한 것으로 쉽게 보일 수 있다. 하지만 그대는 **그대를** 정의 내
릴 수 있는가? **그대는** 일종의 개념인가?

　　개념 혹은 속성으로서의 '인간'은 **그대를** 충분히 자세하게 설
명하여 말하지 않는다.[8] 왜냐하면 개념 혹은 속성으로서의 '인

---

6) 그의 또는 그녀의 생각과 행동을 통해 내용을 제공하는 것은 문구가 아니라 사람,
즉 개인이다.

7) 다른 반대자가 아니라, 이 글에 나오는 슈티르너를 반대하는 세 명의 반대자를 가
리킨다.

8) 독일어 단어를 병기해서 보면, "충분히 자세하게 설명하여 말하지(erschöpft) 않
는다."는 문장은 주의 깊게 볼 필요가 있다. 슈티르너의 주저에서는 "어떤 개념도 나
를 표현하지 않으며, 내 본질이어야만 한다고 말하는 어떤 것도 나를 충분히 자세
하게 말하여 표현하지(erschöpfte) 못한다."(『유일자와 그의 소유』, 565쪽, 본문의
글을 약간 수정함)로 등장한다. 'erschöpften'는 (비유적 의미에서) "지칠 대로 지
치게 하다, 기진맥진하게 하다, 녹초가 되게 하다"라는 뜻도 있다. 하지만 이 단어
가 들어간 글을 모두 검토하면, "충분히 자세하게 말하여 표현하다(erschöpfte)"
라고 옮기는 것이 온당하다. 이 단어는 이 글에서 유일자를 설명하면서 여러 번

간'은 그 자신의 개념의 내용을 갖고 있기 때문이고, 인간은 인간다운 것이 **무엇이고** 인간이 **무엇인지**를 말해 주기 때문이다. 다시 말해 인간은 **그대와** 완전히 관련되어 있지 않을 정도로 정의된 존재일 수 있기 때문이다. 물론, **인간으로서의** 그대는 여전히 인간이라는 개념의 내용에서 그대의 몫을 가지고 있지만, **그대로서의** 그대는 그대의 몫을 가지고 있지 않다. 이와 반대로 유일자는 전혀 개념의[옮긴이] 내용이 없다. 유일자는 불확정성 그 자체이다. **그대를 통해서만** 유일자는 내용과 규정을 얻는다. 유일자의 개념적 발전은 없으며, 그 존재, 그 생각 혹은 그 나[9]와 같은 것을 '원리'로 삼아 철학적 체계를 구축할 수 없다. 오히려 유일자는 **모든 개념적 발전**에 종지부를 찍는다. 유일자를 일종의 '원리'로 여기는 사람은 자신이 유일자를 철학적으로 혹은 이론적으로 다룰 수 있다고 생각하고, 불가피하게 유일자에 대하여 쓸데없이 무턱대고 비난한다. 그 존재, 그 생각, 그 나는——**불확실한**

등장한다. 따라서 주의하여 볼 필요가 있다.

9) 여기서 '그 나'는 '추상적 나'를 의미한다고 볼 수 있다. 슈티르너는 이러한 방식을 『유일자와 그의 소유』에서 사용하고 있다. "그때 여호와, 알라, 우리 하나님 아버지가 나타났고 그것들에게 그 나(dem Ich)라는 말이 주어졌다. 또한 그때 가족들, 종족들, 국가들과 마침내 인류까지 나타났고, 그것들은 나들(Iche)로서 명예로운 것이었다. 그때 국가, 교회는 나라는 존재(Ich zu sein)인 척 나타났다." 『유일자와 그의 소유』, 347쪽.

개념들이다. 불확실한 개념들은 다른 개념을 통해서만, 즉 개념적 발전을 통해서만 그것들의 규정성을 받아들인다. 반대로 유일자는 **규정되지 않은** 개념이고[10] 다른 개념으로 더 규정할 수 없는 것이거나 '보다 가까운 내용'을 받아들일 수 없다. 유일자는 /151/ "어떤 개념 계열의 원리"가 아니라, 오히려 단어나 개념으로 전혀 발전할 수 없는 단어나 개념이다. 유일자의 발전은 너의 자기발전이고 나의 자기발전이며, 일종의 **아주 유일한 발전**이다. 왜냐하면 **너의** 발전은 전혀 **나의** 발전이 아니기 때문이다. 개념으로서, 즉 '발전'으로서만 그것들은 하나이며 동일하다. 반대로, 너의 발전은 바로 나의 발전과 마찬가지로 다르고 유일하다.

그대가 유일자의 내용이기 때문에, 더 이상 유일자의 어떤 **특별한** 내용, 다시 말해 어떤 개념의 내용에 대해 생각할 필요가 없다.

루트비히라는 이름으로 그대에게 세례를 준다고 해서, 그대가 어떤 사람인지 말하려는 것이 아닌 것처럼, 유일자라는 단어로는 그대가 어떤 사람인지 말할 수 없다.

---

10) 독일어를 병기하여 이 문장을 다시 보면, "**불확실한**(unbestimmt) 개념들이다. 불확실한 개념들은 다른 개념을 통해서만, 즉 개념적 발전을 통해서만 그것들의 규정성(Bestimmung)을 받아들인다. 반대로 유일자는 **규정되지 않은**(bestimmungslos) 개념"이다. 여기서도 슈티르너는 'bestimmen(정하다, 규정하다, 확정하다)'를 사용하여 자신의 주장을 펼치고 있다. 영어본에서 느낄 수 없는 언어유희이다.

마치 내용이 없는 이름을 사용할 때, 개념과 개념의 세계가 사라지는 것과 마찬가지로, 유일자라는 이름을 사용할 때, **절대적 생각**, 다시 말해 자기자신의 어떤 개념의 내용을 소유한 생각의 왕국은 끝장난다.[11] 이름은 관점만이 어떤 내용을 제공할 수 있는 텅 빈 단어이다.

언급된 슈티르너의 반대자가 제시한 것처럼, 유일자에는 "지금까지 자기중심적 세계라고 불렸던 거짓말"만 있다는 것은 사실이 아니다. 아니다, 유일자라는 솔직함과 유일자라는 텅 비어 있음에서, 유일자라는 뻔뻔스러운 '솔직함'(스첼리가의 글 34쪽을 참조하라)에서 개념과 이념의 솔직함과 텅 비어 있음이 세상에 알려지고, 유일자에 반대하는 사람들의 공허한 화려함이 명백해진다. 가장 중요한 '**문구**'는 가장 풍부한 내용의 말처럼 보이는 것은 분명하다.[12] 유일자는 솔직한, 부인할 수 없는, 분명한──문구이다. 유일자라는 말은 "태초에 **말**이 있었던" 그러한 세계, 곧

---

11) 독일어를 병기해서 다시 보면, "마치 내용이 없는(inhaltsleer) 이름을 사용할 때, 개념과 개념의 세계가 사라지는 것과 마찬가지로, 유일자라는 이름을 사용할 때, **절대적 생각**, 다시 말해 자기자신의 어떤 개념의 내용(Gedankeninhalt)을 소유한 생각의 왕국은 끝장난다."이다. 'Inhalt(내용)'를 사용하여 더 확실히 유일자가 내용이 없다는 점, 개념의 내용이 아니라는 점을 주장하고 있다.

12) '문구(Phrase)'는 글의 맥락에서 추론하면 '내용이 없는 말'이다. 그러니까 '빈말'에 가깝다고 볼 수 있다.

우리의 문구 세계의 요지이다.

유일자는 모든 솔직함과 정직함으로—아무것도 표현하지 않 /152/ 는다는 것을 시인하는 어떤 표현이다. 인간, 정신, 참된 개인, 인 격 등등은 내용으로 가득 차 있고, 관념이 가장 풍부한 문구들의 표현들 혹은 속성들이다. 모든 신성하고 숭고한 문구들과 비교 했을 때, 유일자는 비어 있는, 허세 부리지 않는 문구이고 완전 히 평범한 문구이다.

비평가들은 '유일자'와 같은 종류에 대해 뭔가 의심했다. 그러 니까 그들은 유일자를 어떤 문구로 취급했다. 그러나 그들은 거 듭 마치 유일자는 신성하고 고상한 문구여야 한다고 생각했고, 그들은 그러한 주장에 이의를 제기했다. 그러나 '유일자'는 평범 한 문구 그 이상의 어떤 것을 의미하는 것이 아니었으므로, 유일 자는 유일자에 반대하는 사람들의 과장된 문구들이 결코 될 수 없는 실제적 문구였으며, 따라서 어구 작성의 모독이었다.

유일자는 말이다. 그리고 모든 사람이 말을 사용할 때, 항상 어떤 것을 **생각**할 수 있어야만 한다. 말은 생각의 내용을 가지고 있어야 한다. 그러나 '유일자'는 일종의 **생각하지 않는** 말이다.[13]

---

13) 독일어를 병기해서 보면, "항상 어떤 것을 **생각**(denken)할 수 있어야만 한다. 말 은 생각의 내용을 가지고 있어야 한다. 그러나 '유일자'는 일종의 **생각하지 않는** (gedankenloses) 말이다." 여기서 알 수 있듯이 '유일자'는 '말'이긴 하지만 '생각

'유일자'는 생각의 내용을 가지고 있지 않다.─하지만 '유일자'가 생각이 아니라면, 도대체 '유일자'의 내용은 무엇인가? 유일자는 두 번 다시 존재할 수 없고 **표현될** 수도 없는 내용이다. 왜냐하면, 만약 유일자가 표현될 수 있었다면, 실제로 그리고 완전히 표현될 수 있었다면, 유일자는 두 번 존재할 것이며, 유일자는 '표현' 속에서 존재할 것이기 때문이다.

유일자의 내용이 생각의 내용이 아니기 때문에, 그런 이유로 유일자는 생각할 수 없고 말로 표현할 수 없는 사람이다. 그러나 유일자는 말로 표현할 수 없기 때문에, 유일자, 곧 이런 완전한 문구는─**결코 문구조차** 아니다.

그대에 대해 **아무것도** 말하지 **않을** 때에만 그리고 그대의 **이름만 언급될** 때에만, 그대는 그대로서 인정된다. 그대에 대해 **무엇인가를** 말하자마자, 그대는 그러한 어떤 것(인간, 정신, 기독교인 등등)으로서만 인정된다.[14] 그러나 유일자는 **아무 말도 하지 않는다.**

/153/

하지 않는 말'이라는 것을 주장하기 위해 'denken'이란 단어를 사용하고 있다.

14) 마르크스가 말하는 전개된 가치 형태에서는 '교환 가능성'이 '등가성'을 나타내지만, 일반적 가치 형태에서는 '등가성'이 '교환 가능성'을 나타낸다. 그러니까 전개된 가치 형태에서는 한 상품이 다른 상품과 교환된다는 사실이 두 상품이 등가적임을 말해 주지만, 일반적 가치 형태에서는 일반적 등가물(화폐)로 표시될 수 있어야만 해당 상품이 다른 상품과도 교환될 수 있는 상품임을 '인정'받는 것이다. 비유적으로 말하면 '시민권(표상 권력, 대표 권력)'이 있어야 '시민'으

40

왜냐하면 유일자는 그저 이름일 뿐이기 때문이다. 유일자는 그 대는 그대이고, 그대는 그대 이외에 아무것도 아니라는 것, 그대 는 **유일한** 그대이거나 그대 그 자신이라는 것을 말할 뿐이다. 이 리하여 그대는 속성(屬性)이 없지만, 그런 일로 동시에 그대는 규정되지 않는, 소명되지 않은, 법칙이 없는 등등의 사람이다.

사변은 **모든 사람**이 그 속성으로 이해될 수 있을 정도로 **보편적** 속성을 찾는 방향으로 진행되었다. 그러나 그러한 속성은 어느 경우든 각자가 무엇**이어야만** 하는지를 표현하는 것이 아니라, 오 히려 그가 무엇**인지를** 표현하도록 되어 있다. 따라서 '인간'이 이

로 살아갈 수 있는 것이다. 일반적 가치 형태는 상품에게 '상품으로 인정받으려 면 주권 형태에 순응할 것'을 요구한다. 곧 상품은 '가치를 인정받은 사물'이다. 이렇게 볼 때 노동자는 순응자, 예속자 됨으로써만 노동력을 상품화할 수 있다. 이는 홉스의 주장에 따르면, 리바이어던에 순응하는 한에서만, 자유로운 상업적 계 약을 맺을 수 있다. 노동자는 자본의 주권을 승인함으로써만 상품의 자유로운 판 매자가 된다(고병권, 『마르크스의 특별한 눈』, 천년의 상상, 2018, 121-123쪽 참 조). 마르크스가 상품에서 유령을 발견하듯이 슈티르너는 '변신'에서 유령을 발 견한다. 슈티르너의 '변신(Metamorphose)' 비판의 핵심 내용은 개인을 보편성 이라는 허섭스레기로부터 면제하기 위한 것이다. 따라서 마르크스의 가치 형태 분석의 눈으로 슈티르너의 대상성 비판을 이해할 수 있다. 슈티르너에게 보편적 이성이라는 유령적 대상성은 '인간'이다. 이때 '인간'이란 추상적 관념은 개별자 가 실현해야 하는 이상이 된다. 이에 대한 구체적인 내용은 다음을 참조하라. 박 종성, 「슈티르너의 '변신(Metamorphose)' 비판의 의미」,《시대와 철학》, 2020, 제 31권. 앞서 이야기한 것을 형식화 하면 다음과 같이 말할 수 있다. 마르크스: 상 품-가치-화폐, 홉스: 사람-주권-군주, 슈티르너: 개인-주체-인간.

러한 속성이라면, 모든 사람이 되어야 하는 어떤 사람으로 이해하는 것이 아니라, 모든 사람을 그러한 속성으로 이해해야 한다. 그렇지 않으면 아직 속성이 되지 않은 모든 사람이 속성에서 배제되는 것이 아니라, 오히려 모든 사람이 속성이기 때문이다. 이제, 또한 '인간'이 실제로 모든 사람이 **무엇인지**를 표현한다. 그러나 이러한 **무엇**은 모든 사람의 **보편**에 대한 표현이기 때문에, 모든 사람이 서로 공통으로 가지고 있는 것에 대한 표현이긴 하지만, 그런 일은 '모든 사람'에 대한 표현은 아니고, 모든 사람이 표현하지 않는다.[15] 누군가가 "그대는 인간이다"라고 말하는 것으로 그대를 충분히 자세하게 설명하여 말하는가? 또한 그렇게 말해서 그대가 **누구인지**를 완전히 표현한 사람이 있는가? 인간이라는 저 속성은 주체를 완전히 표현하는 속성의 임무를 수행하는가? 반대로 저 속성이 주체에서 주체성을 완전히 떠나게 하여 주체가 누구인지를 말하는 것이 아니라, 주체가 무엇인지를 말

---

15) "자유는 오직 다음을 가르친다. 당신을 모든 무거운 짐으로부터 자유롭게 하라, 해방하라. 그러나 자유는 당신한테, 당신이 누구인지 가르치지 않는다. (······) 자기 소유자는 **처음부터 자유롭다**. 왜냐하면 자기 소유자는 모름지기 자신을 인정하기 때문이다. 또한 그는 맨 먼저 자신을 자유롭게 할 필요가 없다. 왜냐하면 그는 처음부터 자기 밖에 있는 모든 것을 거부하기 때문이고, 자기자신보다 더 소중한 것은 아무것도 없고, 자신보다 더 높은 것은 아무것도 없다고 평가하기 때문이다." 『유일자와 그의 소유』, 256-257쪽.

단테 가브리엘 로세티 그림, 「그들이 그들 자신과 어떻게 만났는가
(How They Met Themselves)」(1864).

하는 것이 아닐까? 그러므로, 만약 속성이 그 자체로 **모든 사람**을 포함해야 한다면, 모든 사람은 주체로서, 다시 말해 자신이 **무엇**인지뿐만 아니라 자신이 **누구인지**도 나타내야 한다.[16]

하지만 그대가 그대 자신을 나타내지 않는다면, 어떻게 그대가 자기자신이 누구인지를 나타낼 수 있는가? 그대는 동시에 다른 장소에 나타나는 사람[17]인가 아니면 한번만 존재하는 사람인가? 그대는 어디에서도 그대 자신에서 벗어나지 못한다. 그대는 세계에 두 번째로 존재하는 사람이 아니다. 그대는——유일하다. 그대가 **뼈와 살을 갖추고**[18] 나타나야, 그대는 모습을 나타낼 수 있

---

16) "'인간이란 무엇인가?'라는 개념적 질문이—'인간이란 누구인가?'라는 개인적 질문으로 바뀌었다. 그것을 실현하기 위하여, '무엇'을 사용하여 개념을 얻으려고 애썼다. 하지만 더 이상 '누가'를 사용하는 질문은 전혀 없다." 같은 책, 565쪽.

17) 도플갱어(Doppelgänger)라는 낱말은 독일어 '이중', '둘'을 뜻하는 'Doppel'과 걷는 사람을 뜻하는 'Gänger'로 구성된다. 도플갱어는 나 자신과 똑같이 생긴 생물체를 뜻한다.

18) '**뼈와 살을 갖추고**(leibhaftig)'라는 단어로 유일자를 설명하고 있는데, 이 단어는 슈티르너의 주저에서 다음과 같이 자주 사용되고 있다. "자유주의자는 그대에게서 **그대**를 보는 것이 아니라, 오히려 **유개념**을 보고, 또는 철수나 영희를 보는 것이 아니라, 오히려 인간을 보며, 현실적인 사람 혹은 유일한 사람을 보는 것이 아니라, 오히려 그대의 본질이나 그대의 개념을 보고, 뼈와 살을 갖춘 사람을 보는 것이 아니라, 오히려 **정신**을 본다." 같은 책, 268-269쪽. "아마 나에게는 정신이 있다. 그러나 나는 정신으로만 존재하는 것이 아니라, 오히려 뼈와 살을 갖춘 사람으로 존재한다." 같은 책, 48쪽. "그대는 뼈와 살을 갖춘 존재이다." 같은 책, 199쪽. 그리고 책의 여러 곳에서.

을 뿐이다.

'그대는 유일자이다'——는 어떤 판단이 아닌가? 그대가 '그대 /154/
는 인간이다'라는 판단으로 자신이 **누구인지를** 나타내지 않는다
면, 그렇다면 그대는 '그대는 유일자이다'라는 판단에서 그대를
실제로 나타내는가? '그대는 유일자이다'라는 판단은 '그대는 그
대이다'라는 판단과 다른 의미가 아니다. '그대는 그대이다'라는
판단은 논리적인 사람이 어떤 부조리한 판단이라고 부르는 판
단이다. 왜냐하면 그런 판단은 **아무것도** 판단하지 **않고**, 아무것도
말하지 않기 때문이다. 왜냐하면 그런 판단은 공허한 판단이거
나 판단이 아닌 판단이기 때문이다.——(책 232쪽[19]에서 이러한 불합
리한 판단은 '무한한' 판단 혹은 불확실한 판단으로 여긴다. 그러나 이
쪽 다음에 불합리한 판단은 '동일한' 판단으로 여긴다.)

논리적인 사람이 경멸하는 것은 의심할 여지 없이 비논리적이
거나 단순히 '**형식적으로** 논리적'인 것이다. 그러나 **논리적으로** 헤
아려 보면, 논리적인 사람이 경멸하는 것은 또한 어떤 문구일 뿐
이다. 논리적인 사람이 경멸하는 것은 문구 속에서 죽어가는 논
리이다.

유일자는 오로지 너와 나의 최후의, 죽어가는 표현(속성)이어

---

19) 슈티르너 자신을 비판한 비평가들 중 누구의 책을 말하는지 알 수가 없다.

야 하고, 관점으로 급변하는 표현이어야만 한다. 즉 표현은 더 이상 침묵하는 표현이 아니고, 더 이상 말로 나타내지 않는 표현이 아니다.

그대──유일자여! 유일자에서 생각의 내용이 뭐더라? 유일자에서 판단의 내용이 뭐더라? 아무런 내용이 없구나!──유일자의 정확한 생각의 내용을 마치 하나의 개념이었던 것처럼 추론하고 싶은 사람은, 그대에 대해 그대가 **무엇인지를** 말했던 사람을 유일자로 생각하는 사람은, 자신이 문구들을 믿는다는 것을 분명하게 드러낸다. 왜냐하면 그는 문구들을 문구들로 인식하지 못하기 때문에, 그래서 또한 그는 자신이 문구들의 **특별한** 내용을 찾고 있다는 사실을 보여줄 것이다.

상상할 수 없는 사람이자 말로 표현할 수 없는 사람, 곧 '그대'가 문구의 내용, 문구의 소유자, 뼈와 살을 갖춘 문구, 즉 그대가 문구 중 한 사람인 그런 사람이다. 유일자 속에서 과학은 삶에 녹아들 수 있으며, 유일자 속에서 그대의 **삶**은 더 이상 단어에서, 로고스[20]에

/155/

───────────────

20) 슈티르너가 논리를 비판하는 측면에서 'Logos'라는 단어는 '이성'을 의미할 수 있고, 종교를 비판하고 있다는 측면에서 '하나님의 말씀'을 의미할 수 있다. '로고스(Logos)'는 같은 어근의 동사 '레게인(legein)'이 '말하다'를 의미하는 데서 알 수 있듯, 일차적으로 '말'이나 '말을 통해 전달된 것'을 의미하고, 보다 전문적으로 '논리'나 '논증', '이성'을 의미한다. 그래서 인간을 '이성'적 동물이자 '언어'를 가진 동물이라고 정의할 때, 이성과 언어 모두 '로고스'의 번역어다."『유

서, 속성 속에서 자기자신을 찾지 않는 **그런 사람**이 된다.

스첼리가는 "어디에서나 유령들을 보는 유일자 자신의 원리로 평가된" 유일자는 모든 유령들의 유령이 된다는 것을 보여주기 위해 수고를 아끼지 않는다. 그는 유일자가 공허한 말임을 감지하지만, 스첼리가 그 자신이 그가 문구의 내용이라는 사실을 고려하지 않는다.

포이어바흐가 지상의 유일자 옆에 나란히 배치한 천상의 유일자는 문구 소유자가 없는 문구이다. **여기서 생각했던** 유일자는 하나님이다. 이 일은 바로 종교가 존속하는 것을 보장하는 일이고, 종교가 적어도 **생각 속에서** 혹은 문구로써 유일자를 가졌다는 것을, 종교가 유일자를 **천상에서** 보았다는 것을 보장하는 일이다. 그러나 천상의 유일자는 정말로 아무도 관심을 두지 않는 어떤 유일자일 뿐이다. 반면에 포이어바흐는 싫든 좋든 슈티르너의 유일자에 관심이 있다. 왜냐하면, 만약 그가 자신의 머리에서 **자기자신의**

일자와 그의 소유』, 285쪽, 주석 298 참조. "이것은 슈티르너에게 완전한 유명론이 관념의 물화(reification)에 대한 시종일관된 비판의 중심이 되어야만 한다는 것을 의미한다. 역사적으로 다양한 유형의 유명론은 플라톤의 형상, 본질, 보편 또는 공간과 시간 외부의 어딘가에 독립적으로 존재한다고 가정되는 피타고라스의 수와 같은 또 다른 추상적 개념들의 **실제** 존재의 믿음에 대한 일련의 비판적 반응을 통해 발전했다." 제이슨 맥퀸(Jason McQuinn), *Clarifying the Unique and Its Self-Creation*. 출처: https://archive.org/details/StirnerStirnersCritics

유일자를 쫓아버리고 싶다면, 유일자를 이상하게 다루어야 하기 때문이다. 천상의 유일자가 포이어바흐의 머릿속에 박혀 있는 것이 아니라 유일자 자신의 머리에 박혀 있는 것이라면, 이 유일자를 유일자의 머리에서 쫓아버리는 일은 어려울 것이다.

헤스는 유일자에 대해 다음과 같이 말한다. "그는 허풍을 치고 있다." 의심할 여지 없이, 이 명백한 문구인 '유일자'는 일종의 헛된 허풍이다. 유일자는 문구 소유자가 없는 포이어바흐의 문구이다. 그러나 사람들이 오로지 유일자에서 허풍 이외에 아무것도 찾지 못하기 때문에, 어떤 오랫동안 널리 알려진 것을[21] 허풍이라고만 부르는 것은 애처로운 일이 아닐까? 그렇다면 헤스, 곧 이 유일한 헤스는 허풍에 불과한 것인가? 절대 그렇지 않다![22]

/156/ 비평가들은 유일자보다는 '자기중심적 사람'에 대해 훨씬 더 분개한다. 비평가들은 슈티르너가 자기중심성을 이해했듯이, 자기중심성을 상세히 조리 있게 설명하지 않고, 자기중심성에 대한 자신들의 평소의 유치한 표상[23]에 멈추고 모든 사람에게 잘 알려진 죄의 목록을 꺼낸다. 자, 자기중심성을 보라,──이 슈티르

---

21) '유일자'라는 문구를 의미하는 것으로 보인다.
22) '허풍을 치고 있다(renommiert)', '허풍(Renommage)'이라는 단어를 사용하여 상대편의 주장을 반박하고 있다.
23) '표상(Vorstellung)'은 '드러내다'를 뜻하는 라틴어 'repraesentare'가 어원이다.

48

너가 우리에게 '권장하고' 싶어하는 끔찍한 죄인 자기중심성을 보라!

"하나님은 사랑이시다."라는 기독교의 정의에 반대하여 옛 예루살렘의 비평가들[24]은 일어나 다음과 같이 외칠 수 있었다. "그러므로 그대는 이제 기독교인들이 이교도의 신을 선포하고 있음을 알 수 있다. 왜냐하면 하나님이 사랑이라면, 하나님은 아모르(Amor)라는 이교도 신, 곧 사랑의 신이기 때문이구나!"――유대교의 비평가들[25]이 사랑의 신, 아모르를 오랫동안 경멸해 왔는데, 사랑과 사랑인 하나님을 다룰 필요가 무엇인가?

스첼리가는 자기중심적 사람의 특성을 다음과 같이 그려낸다. "자기중심적 사람은 근심이 없는, 행복한 삶을 희망한다. 그는 부유한 처녀와 결혼했고,――이제 그에게는 질투가 심한, 수다쟁이 부인이 있다.――달리 말하면 그의 희망은 실현되었지만, 그의 희망은 착각이었다."

포이어바흐는 다음과 같이 주장한다. "자기중심적, 자기에게 유용한 사랑이라고 부르는 것과 자기에게 유용하지 않은 사랑이라고 부르는 것 사이에는 확고한 차이가 있다. 무엇인가? 간략히

---

24) 기독교인들의 입장에서 이교도들인 유대인들을 의미한다고 볼 수 있다.
25) 이교도들인 유대인들을 비판하는 기독교인들을 의미한다고 볼 수 있다.

말해, 자기에게 유용한 사랑에서 [사랑의] 대상은 그대의 고급 창녀지만, 자기에게 유용하지 않은 사랑에서 그녀는 그대의 애인이다. 나는 두 가지 모두에서 만족을 느낀다. 하지만 첫 번째의 경우에 나는 본질을 부분에 종속시킨다. 하지만 두 번째 경우에 나는 부분, 수단, 기관을 전체에, 본질에 종속시킨다. 그런 까닭에 첫 번째 경우에 나는 나의 부분만을 만족시키지만, 두 번째 경우에 나는 나 자신을, 나의 온전한, 완전한 본질을 만족시킨다. 한 마디로, 자기에게 유용한 사랑에서 더 낮은 것을 위해 더 높은 것을 희생하고, 어떤 더 낮은 향유를 위해 더 높은 향유를 희생하지만, 자기에게 유용하지 않은 사랑에서 더 높은 것을 위해 더 낮은 것을 희생한다."

/157/

헤스는 다음과 같이 질문한다. "우선, 일반적으로 자기중심성은 무엇인가? 그리고 자기중심적 삶과 사랑의 삶 사이에 차이가 어디 있는가?"―이러한 질문은 이미 앞의 두 사람과 자신의 견해가 같다는 사실을 드러낸다. 슈티르너의 입장에서는 두 가지 사랑은 꽤 잘 어울리기 때문에, 슈티르너에 맞서 자기중심적 사랑과 사랑의 삶 사이의 그러한 대립을 어떻게 주장할 수 있는가? 헤스는 계속해서 말한다. "자기중심적 삶은 동물 세계의 삶이다. 동물 세계의 삶은 삶 자체를 붕괴하고 그 자체를 삼켜 버리는 삶이다. 일반적으로 동물 세계는 정확히 동물 세계 자체를 붕괴하고, 그 자체를 파괴하는 삶의 자연사이다. 그리고 지금까지 우리 모든 역사는 **사회적** 동물 세계의 역사에 불과하다.──그러나 **사회적** 동물 세계와 삼림 지대의 동물 세계를 구별하는 것은 무엇인가? 동물 세계의 **의식** 이외는 아무것도 없다. 사회적 동물 세계의 역사는 정확히 동물 세계의 의식의 역사이다. 그리고 **육식 짐승**이 자연의 동물 세계의 최종 지점인 것처럼, 정확히 **의식이 있는 육식 짐승**이 사회적 동물 세계의 가장 높은 지점이다.──자기중심성과 유개념 양쪽이 서로 간의 **소외**이듯이, 이러한 소외의 의식(자기중심적 의식)이 종교적 **의식**이다. 삼림 지대의 동물 세계에는 종교가 없다. 왜냐하면 그런 동물 세계의 자기중심성의 **의식**, 그런 동물 세계의 **소외**의 의식, 다시 말해 죄의식이 결여되어 있기 때문이다. 인류 최초의 의식은 죄의식이다.──자기중심적 이론, 자기중심적 의식, 종교와 철학이 그것들의 절정에 이르렀을 때, 자기중심적 실천 역시 그런 실천의 절정에 이르렀어야 했다. 자기중심적 실천은 현대인의, 기독교인의, **쩨쩨한 사람의 세계**[26]에 이르렀다. 이것이 사회적 동물 세계의 최종적 지 /158/

---

26) '**쩨쩨한 사람의 세계**(Krämerwelt)': 'Krämer'는 '소매 상인'이란 뜻도 있지만 여기서는 이기적 사람을 의미하므로 그렇게 옮겼다. 또한 이 글에서 'Krämerseele(쩨쩨한 사람, 이기주의자)'란 단어가 사용되므로 그렇게 옮기는 것이 온당할 것이다.

점이다.——우리 현대적 쩨쩨한 사람의 세계에서 자유로운 경쟁
은 **살인을 동반한 강도**의 완전한 형태일 뿐만 아니라, 동시에 상호
적, 인간적 소외의 의식이기도 하다.——오늘날 쩨쩨한 사람의 세
계는 그 본질에 상응하는 의식적이고 원리적인 자기중심성이 매
개된 형태이다."[27]

　위의 말들은 자기중심성의 매우 인기 있는 특징이다. 그리고
사람은 자기중심성이 얼마나 어리석고 저속하며 약탈적으로 살
인적인지를 생각하면서, 슈티르너가 그러한 단순한 반성을 하
지 않고 불쾌한 괴물을 버리지 않았다는 사실에 놀랄 뿐이다. 만
약 슈티르너가 스첼리가처럼, 자기중심적 사람은 부유한 처녀와
결혼하고 수다쟁이 아내와 끝을 맺는 바보에 불과하다고 생각했
다면, 만약 슈티르너가 포이어바흐처럼, 자기중심적 사람은 결
코 애인을 가질 수 없다고 보았다면, 혹은 슈티르너가 헤스처럼,
자기중심성에 빠진 인간 야수를 정말로 인식했거나 그곳에서 약
탈적 살인자의 냄새를 맡았더라면, 어떻게 슈티르너가 자기중심
적 사람에 대해 '심각한 혐오'와 '정당한 분노'를 마음에 품지 않
을 수 있겠는가! "살인을 동반한 강도"[28]는 이미 악명이 높기 때

---

27) "살인을 동반한 강도"에 대한 슈티르너의 비판은 독일어본 158쪽, 178쪽, 198-
　　199쪽에서 확인할 수 있다.
28) 이 말은 헤스의 말인데, 슈티르너는 이 말을 인용하면서 반박하고 있다.

문에 헤스가 모든 정직한 사람들이 슈티르너를 반대하게 만들고 그들을 불러 모아 헤스 편에 들게 하기 위해, 슈티르너의 자기중심적 사람에 대해 실제로 이 한 구절을 외치는 것으로 충분하다. 단어는 잘 선택되었으며,—다수의 진정한 신자들을 위한 '이단자'의 외침과 같이 도덕적 마음에 감동을 준다.

슈티르너는 대담하게 포이어바흐, 헤스와 스첼리가가 자기중심적 사람이라고 말한다. 실제로 그는 여기서 포이어바흐는 포 /159/ 이어바흐다운 행위 이외에 전혀 아무것도 하지 않고, 헤스는 헤스다운 행위 이외에 아무것도 하지 않으며, 스첼리가는 스첼리가다운 행위 이외에 아무것도 하지 않는다고 말한 것 외에는 더 이상 아무 말도 하지 않는 것으로 만족한다. 그러나 그는 그들에게 악명 높은 꼬리표[29]를 붙였다.

포이어바흐는 **자기자신의** 세계가 아닌 다른 세계에 살고 있는가? 혹시 그는 헤스의 세계, 스첼리가의 세계, 슈티르너의 세계에 살고 있는가? 포이어바흐가 이 세상에 살고 있기 때문에, 이 세상이 그를 에워싸고 있기 때문에, 그가 느꼈고, 보았으며, 그 세계, 즉 포이어바흐다운 방식의 세계가 아닌가? 포이어바흐가

---

29) 이 문단에서 언급한 "슈티르너는 대담하게 포이어바흐, 헤스와 스첼리가가 자기중심적 사람이라고 말한다."는 것을 가리킨다. 다시 말해 그들도 '유일자'라는 것이다.

단지 이 세상의 한가운데 사는 것이 아니라, 오히려 포이어바흐 자신이 이 세상의 중심이다. 그러니까 그가 **자기** 세계의 중심이다. 그리고 포이어바흐처럼, 아무도 자기자신의 세계가 아닌 다른 세계에 사는 사람은 없다. 그리고 포이어바흐처럼, 모두가 자기 세계의 중심이다. 세계는 단지 그 자신이 아닌 것이고, 세계는 그의 소유이고, 그와 관계 맺고 있는 것이며, 그를 위해 존재하는 것이다.

모든 것이 그대를 중심으로 돌아간다. 그대는 외부 세계의 중심이고 생각 세계의 중심이다. 그대의 세계는 그대의 수용 능력만큼 확장된다. 그리고 단순히 그대가 그 세계를 움켜잡기 때문에, 그대가 움켜잡는 것은 그대의 소유이다. 유일자인 그대는 '**그대의 소유**'와 함께해서만 '유일자'이다.[30]

그럼에도 불구하고 그대의 것은 동시에 여전히 그 자체로 그대의 소유라는 사실, 즉 그대 자신의 것은 그대 자신의 존재를 가지고 있다는 사실을 그대는 피할 수 없다. 그대의 것은 그대와 마찬가지로 유일한 것이다. 바로 이때 그대는 달콤한 자기망각

---

30) 여기서도 독일어를 병기해서 보면 다음과 같다. "그대가 그것을 움켜잡기 (fassen) 때문에, 그대가 움켜잡는(umfassest) 것은 그대의 소유(eigen)이다. 유일자인 그대는 '**그대의 소유(Eigentum)**'와 함께해서만 '유일자'이다." 'fassen(움켜쥐다)'과 'eigen(자신의)'이라는 단어를 사용하여 자신의 주장을 강화하고 있다.

속에서 자기자신을 잊어버린다.

하지만 그대가 그대 자신을 잊을 때, 그대는 완전히 사라지는 가? 그대가 그대 자신을 생각하지 않을 때, 도대체 그대는 존재 하지 않는가? 그대가 그대 친구의 눈을 볼 때, 혹은 그대가 친구 에게 주고 싶은 기쁨을 곰곰이 생각할 때, 그대가 별들을 우러러 보며, 별들의 법칙을 숙고하거나, 별들을 고독한 작은 방으로 데 려오기 위해 별들에게 인사를 보낼 때, 그대가 작은 동물을 현미 /160/ 경으로 관찰하는 활동 속에서 자기자신을 잃어버릴 때, 그대 자 신의 위험을 생각하지 않고 화상이나 익사의 위험 속에서 누군 가를 돕기 위해 급하게 달려갈 때, 그때 실제로 그대는 그대 자 신을 '생각하지' 않고, 그대는 그대 자신을 '잊는다'. 하지만 그 대는 그대 자신을 **생각할** 때에만 **존재하는가**? 그리고 그대가 그대 자신을 잊을 때, 그대는 사라지는가? 그대는 자기의식으로만 존 재하는가? 끊임없이 자기자신을 잊지 않는 사람, 한 시간에 수천 번 자기자신을 잃지 않는 사람이 어디 있는가?

이러한 자기망각,[31] **이러한** 자기상실은 우리를 위한 만족의 하 나의 방식일 뿐이며, 그것은 우리가 우리 세상에서, 우리 소유에

---

31) 슈티르너는 'vergessen'이라는 단어로 자기 주장을 펼치고 있다. '자기망 각(Selbstvergessenheit)'이란 단어를 앞 문장 "그대는 그대 자신을 '잊는다 (vergissest)'."라는 문장과 함께 보면 좀 더 잘 이해가 된다.

서 얻는 쾌락, 다시 말해 세계향유일 뿐이다.[32]

자기에게 유용하지 않음, 즉 기만당한 자기중심성[33]이 자기의 토대를 가지는 것은 이러한 자기망각 속에 있는 것이 아니라, 세계가 **우리의** 소유라는 바로 그 사실을 잊는 데 있다. 그대는 그대 자신을 어떤 절대적 세계, 어떤 '더 높은' 세계 앞에 내던지고 그대 자신을 낭비한다. 자기에게 유용하지 않음은 더 이상 자기자신을 생각하지 않고 더 이상 자기자신에 몰두하지 않는다는 의미에서 자기망각이 아니라, 오히려 '우리의 것'인 세계를 잊는다는 다른 의미에서, 이 세계의 중심이거나 **소유자**라는 것을 잊는다는 다른 의미에서, 세계가 우리의 소유라는 것을 잊는다는 다른 의미에서 자기망각이다. 어떤 '더 높은' 세계로서의 세계에 대한 두려움과 소심함은 의기소침한 자기중심성, 겸손한 자기중심성, 감히 반항하지 않는, 조용히 살그머니 도망가고 '자신을 부

---

32) "나는 오로지 세계를 지배하는 **나의** 힘을 원하고, 세계를 나의 소유로 만들기를 원하는데, 다시 말해 세계를 **향유할 수 있게**(geniessbar) 만들기를 원한다." 『유일자와 그의 소유』, 493쪽. "내가 세계와 교류하는 것은 내가 세계를 향유하는 것이고, 그래서 나의 자기향유를 위해 세계를 사용하는 것이다. **교류는 세계향유**이며 나의—자기향유에 속한다." 같은 책, 495쪽.

33) "종교는 우리의 욕망들에 기대를 걸고, 욕망들 중 하나의 욕망을 위하여, 다른 많은 욕망들을 억누른다. 그러면 이러한 사실은 **기만당한** 자기중심성이라는 현상을 제공한다." 같은 책, 258쪽.

56

정하는' 노예 모습의 자기중심성이다. 그것은——자기부정이다.[34]

우리의 세계와 신성한 세계,——여기에 솔직한 자기중심성과 자기를 부정하는, 사실대로 말하지 않는, 몰래 아부하는 자기중심성 사이의 차이가 있다.

포이어바흐는 고급 창녀와 애인에 대해 어떤 태도를 취하는가? 고급 창녀의 경우에는 개인적 흥미가 없는 상업적 흥미를 /161/ 맺고 있다(만약 거래하는 **사람**에 흥미를 가지고 있다면, 개인적 관심이 있다면, 무수히 다른, 완전히 다른 만족할 수 있는 상업적 흥미의 경우가 발생하지 않는가?). 애인의 경우에는 개인적 흥미를 맺고 있다. 그렇다면 두 번째 관계의 의미는 무엇인가? 그 사람과의 상호 흥미일 가능성이 크다. 사람들 사이의 이러한 흥미가 관계에서 사라지면, 관계는 **의미 없게** 될 것이다. 왜냐하면 그런 흥미가 관계의 유일한 의미이기 때문이다. 그래서 결혼이 흥미롭지 않고 무의미해질 위험에도 불구하고 흥미로운 관계를 고정하는 것이 아니라면, 이제 '신성한 관계'라고 칭송받는 결혼이란 무엇인

---

34) 독일어를 병기하면 '의기소침한(entmutigt) 자기중심성, 겸손한(demütig) 자기중심성'이다. 여기서 'mutig(용감한)'이란 단어를 사용하여 자기 주장을 펼치고 있다. 이러한 글쓰기 방식은 다음을 보라. "사회는——겸손(D e m u t)이라고 불리는 나의 단념(Resignation), 나의 자기부정, 나의 용기 없음(Mutlosigkeit)에 의해 존재한다. 나의 겸손(Demut)은 사회의 용기(Mut)를 만들고, 나의 순종은 사회에게 지배를 제공한다." 같은 책, 477쪽.

가? 세상 사람들은 '경솔하게' 이혼해서는 안 된다고 말한다. 하지만 왜 안 되는데?[35] 왜냐하면 '신성한 대의'가 중요하다면, 경솔은 '죄'이기 때문이다. 신성한 대의에는 경솔이 없어야만 하는구나! 그때에 자신의 경솔에 속아서, 흥미롭지 않지만 신성한 관계에서 계속 살아가야만 한다고 자기자신을 강요하는 자기중심적 사람이 있다. 자기중심적 연합에서 '신성한 결합'이 발전했다. 사람들이 서로에 대해 가지고 있던 상호 흥미는 사라지지만 이익이 없는 결합은 남아 있다.

흥미롭지 않은 일 중 다른 실례는 인생의 과제, 인간의 소명으로 간주하는 노동이다. 이런 일은 자기 빵을 **얻기 위해 일해야만** 한다는 망상에서 유래하고, 빵을 얻기 위해 약간의 일도 하지 않고 빵을 먹는 것은 부끄러운 일이라는 망상에서 유래한다. 이런 일이 **임금의 자랑**이다. 게으름뱅이의 삶이 그에게 불명예를 가져다주지 않는 것처럼, 노동은 **그 자체로** 전혀 가치가 없고 누구에게도 명예를 주지 않는다. 게다가 그대는 노동 활동에 관심을 가지고, 그 관심으로 인해 쉬지 않고 활동해야 한다. 그리고 그때에 노동은 바로 게으름뱅이의 즐거움인 게으름을 피우지 않는

/162/

---

35) 신성모독은 두 가지 공식이 있는데, 그중 하나가 "왜 안 되는데?(Warum nicht?)"이다. 페터 슬로터다이크, 이진우·박미애 옮김, 『냉소적 이성 비판』, 에코리브르, 2005, 219쪽 참조.

그대의 욕망, 그대의 특별한 즐거움이다. 또는 그대는 어떤 또 다른 이익, 어떤 결과나 '임금'을 위해 노동을 수행한다. 게다가 그대는 이러한 목적을 위한 **수단**으로서만 노동을 하게 된다. 그러면 노동은 그 자체로 흥미롭지 않고, 그 자체로 흥미로운 것인 척하지 않는다. 그리고 그대는 노동이 그 자체로 가치 있는 것이거나 신성한 것이 아니라, 오히려 단순히 원했던 결과, 즉 **임금**을 얻기 위해 이제 **피할 수 없는** 것임을 인식할 수 있다. 그러나 '인간을 위한 명예'이자 인간의 '소명'으로 간주되는 노동은 국가경제학[36]의 창조자가 되었고, **신성한** 사회주의의 여주인으로 남아 있고, 거기에서 노동은 '인간의 노동'이라는 성질을 지닌다. 인간의 노동은 '인간의 능력을 양성해야 한다.' 그리고 거기에서 이러한 양성은 인간의 사명, 절대적 관심이다.(이에 대해 나중에 더 자세히 설명할 것이다.)

---

36) 국가경제학(Nationalökonomie): 'ökonomie'라는 용어는 원래 그리스어를 어원으로 하는 이코노미(economy)에서 출발했다. 그것은 그리스의 경제 단위인 가족 농장(노예농장)의 관리를 가리키는 말이었다. 개인을 단위로 한 이 용어는 국가가 경제 단위로 등장하는 절대주의 시대에 폴리티컬(political)이라는 용어와 결합했다. 그래서 폴리티컬 이코노미는 가족(사적)경제에 대비되는 국가(공적)경제의 관리라는 의미를 갖는다. 이때 폴리티컬이란 말은 '정치'를 뜻하는 것이 아니라 '국가'를 가리킨다. 따라서 '정치경제학'은 잘못된 번역이고 굳이 직역한다면 '국가경제학'으로 번역할 수는 있다. 『유일자와 그의 소유』, 382쪽, 주석 413 참조.

자신의 관심이 아닌 다른 관심이 주어진 대의에 주의를 기울
릴 수 있다는 믿음, 자신의 관심을 넘어서는 믿음은 무관심, 심
지어 자기자신의 관심에 대한 애착으로서 '죄'를 야기한다.

신성한 관심 앞에서만 **자신의 관심**은 '개인의 관심', 혐오스러
운 '자기중심성', '죄'가 된다.――슈티르너는 188쪽[37]에서 신성한
관심과 자신의 관심 사이의 차이를 간략하게 다음과 같이 지적
한다. "나는 신성한 관심에 반대하여 **죄를 범하거나**, 오직 자신의
관심을 **경솔한 짓을 해서 잃을** 수 있다."[38]

/163/ 신성한 관심은 당신이 그것에 관심을 갖든 갖지 않든 관계없
이 **절대적** 관심이거나 그 자체를 위한 관심이기 때문에 흥미롭지
않다. 그대는 신성한 관심을 그대의 관심으로 만들**어야만 한다.**
신성한 관심은 원래 당신의 것이 아니다. 신성한 관심은 그대에

---

37) 『유일자와 그의 소유』 독일어본 쪽수를 말한다.

38) '**경솔한 짓을 해서 잃을** 수 있다(verscherzen)'라는 단어를 이 글 독일어본 쪽수
165쪽에서 '까딱 잘못하여 놓치는 것(verscherzen)'으로 다시 쓰고 있다. 그리고
다음을 보라. "나는 내가 유용하지 않게 섬기고 있는 대의보다 내가 유용하게 추
진하고 있는 대의에 다른 관계를 맺고 있다. 이러한 관계에 대해 누군가는 다음
과 같은 인식표를 내세울 수 있다. 이를테면 나는 내가 유용하지 않게 섬기고 있
는 대의에 반대하여 죄를 범하거나 어떤 죄를 저지를 수 있다. 하지만 나는 단지
내가 유용하게 추진하고 있는 대의를 경솔한 짓을 해서 잃고, 밀어제치거나, 나
에게서 박탈할 수 있는데, 다시 말해 경솔하게 행동할 수 있다." 『유일자와 그의
소유』, 266-267쪽.

게서 생긴 것이 아니라, 오히려 어떤 영원한, 보편적, 순전히 인간다운 관심에서 생긴 것이다. 신성한 관심은 흥미가 없는 것이다. 왜냐하면 신성한 관심은 그대나 그대의 관심에 대한 헤아림이 없기 때문이다. 신성한 관심은 이해관계가 있는 당사자들이 없는 관심이다. 왜냐하면 신성한 관심은 보편적 관심이거나 인간다운 관심이기 때문이다. 게다가 그대는 신성한 관심의 소유자가 아니라, 오히려 신성한 관심의 추종자나 하인이기 때문에 신성한 관심 앞에서 자기중심성은 중지하고 흥미 없음이 생기기 시작한다.

만약 그대가 하나의 신성한 관심만 마음에 새기면, 그대는 **그대 자신의** 관심에 사로잡혀 속아 넘어갈 것이다. 지금 그대가 따르는 관심을 신성하다고 부른다면, 내일 그대는 그것의 노예가 될 것이다.

절대적으로 관심을 끄는 것이거나 그 자체로 그리고 그 자체를 위해 가치가 큰 것이라고 여겨지는 모든 행동은 종교적 행동이거나 바로 종교이다. 관심을 끄는 것은 **그대의** 관심을 통해서만 흥미로운 것일 수 있다. 가치가 큰 것은 그대가 가치를 부여함으로써만 가치가 큰 것일 수 있다. 반대로, 그대에게 관심을 끄는 것임에도 불구하고 흥미가 없는 것일 수 있고, 그대에게 가치가 큰 것임에도 불구하고 가치가 없는 것일 수 있다.

사회의 관심, 인간의 관심, 인간 본질의 관심, 만인으로서의 인간의 관심, 인간의 '본질적 관심'과 같은 그러한 정신들의 관심은 **타자의**[39] 관심이고 그대의 관심이어야만 한다. 애인의 관심이 그대의 관심이며, 애인의 관심이 그대의 관심일 때에만 그대의 관심을 끌 것이다. 애인의 관심이 **그대의** 관심이 아닐 때에만, 애인의 관심은 어떤 신성한 관심이 될 수 있다. 그런 어떤 신성한 관심은 애인의 관심이 **그대의 관심**이 아닐지라도, 그대의 관심이 **되어야만 하는** 것이다. 이때까지만 해도 관심을 끄는 관계가 이제는 관심도 없고 흥미도 없는 관계가 된다.

/164/ 상업적 관심과 개인적 관심에서, 그대의 관심이 가장 우선이다. 그리고 모든 희생은 그러한 그대 관심의 이익을 위해서만 일어난다. 이와 반대로 종교적 관계에서 절대자 혹은 정신이라는 종교적 관심, 다시 말해 그대에게 **낯선** 관심이 가장 우선이다. 그리고 그대는 **그대의** 관심을 이러한 타자의 관심에 희생해야만 한다.

따라서 기만당한 자기중심성[40]은 **절대적 관심**에 대한 믿음이다.

---

39) 타자의(fremd): '자신의 것이 아닌', 혹은 ' 낯선'으로도 옮길 수 있다.

40) betrügen: 속이다, 기만하다. "종교는 우리의 욕망들에 기대를 걸고, 욕망들 중 하나의 욕망을 위하여, 다른 많은 욕망들을 억누른다. 그러면 이러한 사실은 **기만 당한** 자기중심성이라는 현상을 제공한다. 그곳에서 나는 나 자신을 만족시키는 것이 아니라, 오히려 내 욕망들 중 하나, 예를 들어 축복을 향한 욕망을 만족시킨다." 『유일자와 그의 소유』, 258쪽.

62

절대적 관심은 자기중심적 사람에게서 발생한 것이 아니라, 다시 말해 그에게 흥미로운 것이 아니라, 오히려 그에게 '영원한' 관심이 거만하고 단호하게 대항하는 것이다. 여기서 자기중심적 사람은 기만당한 사람이다. 왜냐하면 자기자신의 관심, 곧 '개인적 관심'이 무시될 뿐만 아니라, 또한 비난받기 때문이다. 하지만 여전히 '자기중심성'이 남아 있다. 왜냐하면 그는 이러한 타자의 관심 혹은 절대적 관심이 그에게 약간의 즐거움을 줄 것이라는 희망으로만 환영하기 때문이다.

이러한 절대적 관심은 관심이 있는 당사자들이 없어도 흥미로울 수밖에 없는 것이고, 그러므로 또한 유일자가 해야 할 일이 아니고, 오히려 그 대신 절대적 관심을 위해 인간들은 자신들을 슈티르너가 단순히 '신성한 것'이라고 부른 '절대적 관심의 명예를 위한 그릇'[41], '무기와 도구'[42]로 간주해야 한다. 신성한 것은 사실 절대로 흥미롭지 않다. 왜냐하면 신성한 것은 아무도 신성한 것에 관심이 없는데도 불구하고 관심이 있는 척해야 하기

---

41) "국가라는 신성함에 대립하는 것으로서의 개인은 단지 불명예의 그릇이고, 그 그릇에 남아 있는 모든 것은 '제멋대로 굴기(Übermut), 악의, 조롱과 헐뜯음, 무례함 등등'이다." 같은 책, 307쪽.

42) "자기다운 사람은 자신을 이념의 도구 혹은 신의 그릇으로 여기지 않고, 소명도 인정하지 않으며," 같은 책, 564쪽.

때문이다. 신성한 것은 동시에 '보편스러운' 것, 다시 말해 주체가 없는 관심이다. 왜냐하면 신성한 것은 자신만의 흥미, 한 유일자의 관심이 아니기 때문이다. 다시 말해, 이러한 '보편적 관심'은 그대보다 그 이상인──어떤 '더 높은 것'이다. 또는 그대가 없는──어떤 '절대다운 것'이다. 보편적 관심은 그 자체를 위한 관심인──어떤 그대 자신의 것이 아닌 것이다. 만약 그대가 그대 자신을──속인다면, 보편적 관심은 그대가 보편적 관심을 섬길 것을 요구하고, 그대가 흔쾌히 그 일을 한다는 것을 발견한다.

／165／

고급 창녀에 대한 포이어바흐의 감동할 만한 정의를 그대로 유지하자면, 본능이 결코 그들에게 안식을 주지 않기 때문에, 기꺼이 음란한 사람이 되고자 하는 사람들이 있다. 그러나 그들은 다음과 같이 말한다. "그대는 음란함이 무엇인지 아는가?"[43] 음란은 죄이고, 상스러움이다. 그러니까 음란은 우리를 더럽힌다. 만약 그들이 "우리는 음란한 관심 때문에 다른 관심들을 까딱 잘못하여 놓치는 것을 원하지 않는다. 다른 관심들은 감각의 즐거움보다 우리에게 훨씬 더 중요하다."[44]라고 말했다면, 이 일

---

43) 원문에는 " "이 없지만 있는 것이 더 낫다고 생각하여 넣었다.
44) 이곳도 원문에는 " "이 없지만 있는 것이 더 낫다고 생각하여 넣었다.

64

은 결코 종교적 고려가 아닐 것이며, 그들은 정조를 위해서가 아니라 자신들에게서 빼앗을 수 없는 다른 이익을 위해 희생했을 것이다. 그 대신 그들이 정조를 위해 본능의 만족을 부정한다면, 그 일은 종교적[45] 고려 때문에 발생한 것이다. 이때 그들은 정조에 대해 어떤 관심을 갖고 있는가? 의심할 여지 없이, 전혀 타고난 관심을 갖고 있지 않다. 왜냐하면 그들의 본성이 그들에게 음란한 사람이 되라고 충고하기 때문이다. 그들의 실제적 관심, 명백하고 부인할 수 없는 관심은 음란이다. 하지만 정조는 그들 정신의 어떤 **양심의 가책**이다. 왜냐하면 정조는 정신의 관심, 곧 정신적 관심이기 때문이다. 정조는 절대적 관심이다. 정조 앞에서 타고난 관심과 '개인적 관심'은 침묵해야만 한다. 정조라는 것은 정신에 **양심**이 깃들게 만든다. 이제 일부 사람들은 이러한 양심의 가책을 '냅다' 떨쳐버리고 다음과 같이 외친다. "얼마나 어리석은 짓인가!"[46] 왜냐하면 그들이 아무리 **양심적이고** 종교적일지라도, 여기에서 본능이 다음과 같이 말하기 때문이다. "정신은 본능에 반대하는 성을 잘 내는 독재자이다.──반면에 다른 사람들은 더 깊은 사고를 통해 양심의 가책을 극복하고 정말로 이론적

---

45) 종교적(religiös): 'religiös'에는 '양심적'이란 뜻도 있다.
46) 원문에는 '!'가 없지만 있는 것이 더 어울린다.

으로 확신을 갖게 된다." 전자는 양심의 가책을 극복한다. 후자
는 그들의—생각이라는 **예술적 기교의 완벽성**(Virtuosität)[47](생각하
기를 그들에게 필요하고 흥미로운 일로 만드는 것) 때문에 양심의 가
책을 폐지한다.—그러므로 음란과 창녀는 매우 나쁘게 보일 뿐
이다. 왜냐하면 그것들은 정조라는 '영원한 관심'을 위반하기 때
문이다.[48]

 정신만이 어려운 일들을 일으켰고 양심의 가책들을 만들었다.
그리고 이러한 일로부터 그것들은 정신이나 생각을 통해서만 제
거될 수 있다는 결론이 나오는 것 같다. 그러한 일은 바로 그 정
신의 주인이 되기 위해 필요한 생각의 힘을 소유하지 못한 채,
저 양심의 가책을 받아들이도록 스스로를 내맡긴 사람들의 저
불쌍한 영혼들에게 얼마나 나쁠까! 순수한 비판이 그들에게 자
유를 줄 때까지 기다려야 하는 경우는 그들에게 얼마나 끔찍한
가! 그러나 때때로 그러한 사람들은 건전하고 평범한 **경솔함**을
통해 스스로를 돕는다. 그런 **경솔함**은 **자유로운 생각**이 순수한 비

---

47) 이는 그에게 필수적이고 흥미롭게 만든다.
48) 울피에 따르면, 이 구절과 이어지는 여러 단락 전반에 걸쳐, 슈티르너는
  'Bedenken(양심의 가책)'과 'Denken(생각 또는 사상)'이라는 단어로 언어유희
  를 하고 있다. 또한 'Bedenken'이 '반성' 또는 '의심', '양심의 가책' 또는 '망설
  임'이라는 뜻도 있다.

판을 위해 좋은 것만큼이나 **그들의 필요를 위해 좋은 것**이다. 비평
가는 사고의 '거장'으로서 사유를 통해 양심의 가책을 극복하려
는 부인할 수 없는 충동을 가지고 있기 때문이다.

양심의 가책은 대화와 수다만큼이나 일상에서 자주 일어나는
일이다.―그러면 양심의 가책에 대해 뭐라고 말할 수 있겠는가?
아무것도 말할 수 없다.―일상적 양심의 가책만이 신성한 양심
의 가책이 아니다. 일상에서 양심의 가책은 왔다가 사라지지만,
신성한 양심의 가책은 지속되고 **절대적**이다. 신성한 양심의 가
책은 절대적 의미(교조, 신앙 개조, 교의)에서 양심의 가책이다. 자
기중심적 사람, 곧 신성모독자는 신성한 양심의 가책에 맞서 반
항하고 신성한 양심의 가책이라는 신성한 힘에 맞서 자신의 자
기중심적 힘을 시도하려고 한다. 모든 '자유로운 생각'은 양심의
가책에 대한 탈신성화이고 바로 양심의 가책이라는 신성한 힘
에 대항하는 자기중심적 노력이다. 몇 번의 공격 후에, 많은 자
유로운 생각이 멈췄다면, 다시 몇 번의 공격 후에 자기중심성을
모독할 새로운 신성한 양심의 가책 앞에서, 그럼에도 불구하고   /167/
자기중심성의 가장 자유로운 형태(순수한 비판)의 자유로운 생각
은 절대적 양심의 가책 앞에서 멈추지 않을 것이고, 자기중심적
인내로 어떤 양심이 깃든 신성함을 차례로 모독할 것이다. 하지
만 이러한 가장 자유로운 생각만이 자기중심적 **생각**이고, 오로지

생각의 자유이기 때문에, 가장 자유로운 생각은 생각의 신성한 힘이 되고 생각으로만 구원을 얻을 수 있다는 복음을 선포한다. 이제 생각 그 자체는 오로지 어떤 신성한 대의로서만, 어떤 인간다운 소명으로서만, 신성한—양심의 가책으로서만 나타난다. 이후에는 양심의 가책(실상을 앎)만이 양심의 가책들을 폐지한다.

양심의 가책이 생각을 통해서만 폐지될 수 있다면, 사람들은 결코 양심의 가책을 폐지할 정도로 충분히 '성숙하지' 못할 것이다.

양심 있음이 순수한 양심의 가책 혹은 비판의 순수성을 달성했다고 해도, 양심 있음은 여전히 **종교성**이다. 종교인은 양심이 깃든 사람이다. 그러나 세상 사람들이 양심의 가책을 통해서만 양심의 가책을 끊을 수 있다고 생각할 때, 또한 '편리한' **양심 없음**[49]을 '대중의 일에 대해 자기중심적 혐오'라고 경멸할 때, 여전히 양심 있음은 남아 있다.

양심 있는 자기중심성에서, 양심 있음보다는 자기중심성을 강

---

49) 이 문단에서 '양심 있음(Bedenklichkeit)', '양심의 가책(Bedenken)', '양심 없음 (Unbedenklichkeit)'이란 단어를 사용하고 있다. 앞서 살펴보았듯이 'Bedenk' 는 '양심의 가책'이란 뜻 이외에 '반성', '망설임'이란 뜻도 있다. '양심 없음'은 반성하지 않는 것, 의심하지 않는 것, 곧 망설이지 않는 것이다. 그래서 편리한 것이다. 그래서 여기서 '양심 없음'을 '망설이지 않음'으로 동시에 이해할 수 있다.

조하고 자기중심적 사람을 승리자로 보기 위해서 양심 없는 자기중심성을 인정해야 한다. 그래서 양심 있는 자기중심성이 생각을 통해 이기든 양심 없음을 통해 이기든 마찬가지이다.

이 까닭으로 생각이 '거부되는' 것일까? 아니다, 생각의 신성함만이 부정되는데, 즉 생각은 **목적** 혹은 소명으로서만 거부된다. **수단**으로서의 생각은 이 **수단**으로 힘을 얻는 모든 사람에게 남아 있다. 오히려 생각의 의도는 양심 없음이다. 왜냐하면 모든 경우에 생각하는 사람은 마침내 올바른 지점을 찾거나 생각 /168/ 을 넘어서 이 문제를 끝내기 위해, 이 문제에 대한 자신의 생각으로 시작하기 때문이다. 하지만 누군가가 '생각이라는 노동'을 신성하다고 지껄이거나, 그것을 같은 뜻으로 '인간다운' 것이라고 부른다면, 사람이 사람에게 믿음을 명령하는 것은 사람에게 소명을 부여하는 일과 마찬가지이고, 이 일은 생각의 실제적 혹은 자기중심적 의미로 사람들을 이끄는 것이 아니라, 양심 없음에서 멀어지게 한다. 사람들이 생각으로 '행복'을 약속함으로써, 사람들을 양심 있음과 사려 깊음이라는 잘못된 길로 인도한다. 그래서 스스로를 잘못된 길로 인도하도록 내버려두는 나약한 사상가는 자신들의 나약한 생각 때문에, 어떤 생각으로 자신을──위로하는 일 이외에 아무런 일도 할 수 없다. 즉, 그들은 오직 신자가 될 수 있을 뿐이다. 사람들은 양심의 가책을 가볍게 여기지 않고, 오히려 사람들은 양심 있게 된다. 왜냐하면 사람들은 자신들의 행복이 생각에 있다고 상상하기 때문이다.[50]

그러나 생각이 만들어낸 양심의 가책은 지금 존재하며 생각으로 확실히 제거될 수 있다. 하지만 이러한 생각, 이러한 비판은 그것이 자기중심적 생각, 자기중심적 비판일 때에만, 다시 말해 자기중심성 혹은 자기관심이 양심의 가책에 반대하거나, 흥미 없는 것에 반대할 때에만, 자기관심이 공공연히 공언되고, 자기중심적 사람이 기독교, 사회주의, 인본주의, 인간, 자유로운 생각, 정신 등등의 관점[51]이 아니라, **자기중심적 관점**에서 비판할 때에만, 그 목적을 달성한다. 왜냐하면 유일자의 자기관심, 따라서 그대의 자기관심이 정확히 신성한 세계 혹은 인간다운 세계에서 유린되었기 때문이다. 그리고 예를 들어 헤스와 스첼리가가 자기중심적 세계라고 비난하는 바로 이 세계는 반대로 수천 년 동안 자기중심적 사람을 채찍질하는 기둥에 묶고 생각과 믿음의 영역에서 달려 나오는 모든 '신성한 것'에 광적으로 자기중심성을 희생시켜 왔다. 우리는 자기중심적 세계에 살고 있는 것이 아

/169/

---

50) 이것이 우리 시대의 종교적 혼란의 이유이다. 그렇다, 우리 시대의 종교적 혼란은 양심 있음(Bedenklichkeit)의 직접적 표현이다.

51) 즉, 기독교인과 사회주의자 등을 말한다.

니라, 오히려 가장 작은 소유 한 조각까지 완전히 신성한 세상에 살고 있다.

모든 개인이 알고 있는 양심의 가책을 제거해야 하는 일이 실제로 모든 개인에게 맡겨져 있는 것처럼 보일 수도 있다. 그러나 그럼에도 불구하고 비판적 반성을 통해 양심의 가책을 해체하는 것은 '역사의 과제'이다. 그러나 이 일은 바로 슈티르너가 부정한 것이다. 이러한 '**역사의 과제**'에 반대하여, 슈티르너는 양심의 가책들과 그것들에 관련된 반성들의 역사가 끝나가고 있다고 주장한다. 해체의 작업이 아니라, 오히려 양심의 가책에 주저하지 않는 자의(恣意), 생각의 힘이 아니라, 오히려 양심 없음의 힘이 다가오는 것처럼 보인다. 생각은 양심 없음을 강화하고 확실하게 하는 데 도움이 될 수 있다. '자유로운 생각'은 신성한 양심의 가책에 맞서는 자기중심적 혹은 **부도덕적** 반항에서 출발한다. 자유로운 생각은 **양심 없음**에서 출발한다. 자유롭게 생각하는 사람은 양심이 없고 가장 신성한 양심의 가책을 맹렬히 공격한다.— 양심 없음은 자유로운 생각의 얼이자 자기중심적 가치이다. 이러한 생각의 가치는 생각하는 사람에게 있는 것이 아니라, 오히려 자기중심적 사람에게 있다. 자기중심적 사람은 자기중심적으로 **자신의** 힘, 생각의 힘을 신성한 양심의 가책보다 우선시하며, 이런 일은 전혀 그대와 나를 공격하지 않는다.

슈티르너는 164쪽에서[52] 이러한 양심 없음[53]을 묘사하기 위해, '한 순간의 결단, 갑작스러운 도약, 환희의 외침'[54]과 같은 단어를 사용하여 말하고 또 다음과 같이 말한다. "생각하지 않음에 갈채를 보내는 엄청난 의미는 사유와 신앙이라는 긴긴 어둠이 지속되는 한 이해될 수 없다."[55] 그가 말한 것은 첫째, 신성한 것, 심지어 가장 맹목적 사람과 가장 정신을 빼앗긴 사람에 대한 각각의 그리고 모든 비판에 숨겨진, **자기중심적 토대**를 의미했지만, 둘째 **그의 생각의 힘**(적나라한 기교)을 이용하여 수행하려 했던 **자기중심적 비판의 쉬운 형태**를 나타낸다. 말하자면 그는 양심의 가책이 없는 사람이 자신의 관점에서, 곧 유일자로서 어떻게 양심의 가책에 대한 비판으로 생각을 '사용할 수' 있는지를 보여주기 위해 애쓴다. 슈티르너는 더 이상 생각하는 사람과 양심이 깃는 사람

---

52) 독일어본의 쪽수를 가리키는데, 한국어본으로는 『유일자와 그의 소유』, 234쪽이다.

53) 여기서 양심 없음(Unbedenklichkeit)이란 단어는 '주저하지 않음'이란 의미도 동시에 갖고 있다고 볼 수 있다. 양심이 없어서 망설이지 않는 것이다. 또한 이 문단과 또 다른 문단 여러 곳에서 'Denken'과 유사한 단어로 언어 유희를 하고 있다.

54) 이 단어를 이용한 글은 다음과 같다. "한 순간의 결단(Ein Ruck)은 나를 위해 세심한 사유의 노고를 밀쳐내 주고, 사지를 펴는 것은 생각의 고통을 떨쳐 버리며, 갑작스러운 도약(Aufspringen)은 내 가슴으로부터 종교적 세계의 악몽을 날려 던져 버리는 것이며, 환희의 외침(aufjauchzendes Juchhe)은 해묵은 짐을 벗겨준다." 『유일자와 그의 소유』, 234쪽.

55) 같은 책, 234쪽.

의 손에 '세상의 구원'을 맡기지 않았다.

누군가가 여전히 매우 가벼운 노력으로 극복할 수 없는 산더미 같은 그리고 다량의 깊은 양심의 가책을 환희와 기쁨과 대조할 때, 환희와 기쁨은 조금 우스꽝스러워진다. 물론, 역사 속에 축적되고 생각하는 사람에 의해 끊임없이 새롭게 일깨워지는 산더미 같은 양심의 가책은 단순한 기쁨으로 제거될 수 없다. 생각하는 사람의 생각이 동시에 완전한 만족을 얻지 못한다면, 생각하는 사람은 생각을 문제 삼지 않을 수 없다. 왜냐하면 그들 생각의 만족이 그들의 **실제 관심사**이기 때문이다. 신앙의 관점에서 생각이 신앙에 의해 억압되어야 하는 것과 같은 방식으로, 생각은 환희에 의해 억압되어서는 안 된다. 그러므로 말할 것도 없이, 실제의 관심으로, 즉 그대의 관심으로, 그대는 생각을 억제할 수 없다. 그대는 생각할 필요가 있기 때문에, 그대는 단순히 환희를 통해 양심의 가책들을 몰아내는 데 자신을 제한할 수 없다. 그대는 또한 양심의 가책들을 없는 것으로 생각할 필요가 있다. 그러나 슈티르너의 **자기중심적 생각**은 바로 이러한 필요에서 생겨났다. 그리고 그는 비록 여전히 매우 서투르지만, 생각의 관심 /171/ 을 양심이 깃들지 않는 자기중심성과 일치시키기 위해 첫 번째 노력을 기울였다. 그리고 그의 책은 부득이할 경우에 거친 환희가 여전히 비판적 환희, 자기중심적 비판이 될 가능성이 있다는 것을 밝히는 것으로 되어 있었다.

　자기관심이 자기중심성의 토대를 형성한다. 그러나 유일자처럼 자기관심은 동일한 방식으로 단순한 이름, 내용이 없는 개념이고 개념적 발전이 전혀 없는 것이 아닌가? 반대자들은 자기관심과 자기중심성을 일종의 '원리'로 본다. 이러한 견해는 반대자들이 자기관심을 **절대적 관심으로** 이해하도록 요구할 것이다. 생각이 '원리'일 수 있지만, 그때에 생각은 절대적 생각, 영원한 이성 그 자체로 발전해야만 한다. 그러니까 나(das Ich)가 '원리'이어야만 한다면, 나는 절대적 나로서 나 위에 세워진 체계의 토대를 형성한다. 그래서 우리는 심지어 자기관심을 절대적 관심으로 만들 수 있었고, 절대적 관심으로부터 '인간다운 관심'이라는 관심의 철학을 이끌어 낼 수 있다.――그렇다, 도덕은 확실히 **인간다운 관심**의 체계이다.

　이성은 하나이고 동일하다. 그러니까 모든 어리석음과 오류에도 불구하고 이성이 있는 것은 이성적이다. 그러니까 '개인의 이성'은 보편적이고 영원한 이성에 반대할 그 어떤 권리도 없다. 그대는 이성에 복종해야 하며 반드시 복종해야 한다. 생각은 하나이고 동일하다. 말하자면 실제로 생각하고 있는 것은 논리적 진리이고 수백만 사람들이 반대하는 열광에도 불구하고 여전히 변하지 않는 진리이다. '개인의' 생각, 곧 **자신의 관점**은 영원한 생각 앞에서 침묵해야만 한다. **그대**는 진리에 복종해야 하며 반드시 복종해야 한다. 모든 인간은 이성적이고, 모든 인간은 생각 때문에 오로지 인간이다("생각이 인간과 동물을 구별한다"고 철학자는 말한다). 그래서 이제 **자기관심**도 **보편적 관심**이고 모든 인간은 /172/ '자기관심적 인간'이다. '인간다운 관심'으로서의 영원한 관심은 '개인의 관심'와 대립하고, 다른 것들 중에서 도덕과 신성한 사회주의의 '원리'로 발전한다. 그리고 영원한 관심은 **그대의 관심**을 영원한 관심이라는 법에 종속시킨다. 예를 들어 영원한 관심은 국가의 관심, 교회의 관심, 인간다운 관심, '모두'의 관심, 요컨대 **참된 관심**과 같은 다양한 형태의 역할을 맡는다.

이제, 슈티르너는 이러한 관심, **그런** 관심을 자신의 '원리'로 가지고 있는가? 아니면, 반대로 그는 '영원한 관심'에 반대하여, ──곧 흥미가 없는 것에 반대하여 **그대 자신만의** 관심을 북돋우지 않는가? 게다가 **그대의** 관심은 일종의 '원리', 일종의 논리적── 생각인가? 유일자와 마찬가지로 그대의 관심은──**생각의 영역**에서 일종의 문구이다. 하지만 그대 안에서 그대의 관심은 그대 자신처럼 유일하다.

인간에 대해 더 말할 필요가 있다. 겉보기에, 슈티르너의 책은 **인간**에 대해 쓴 것이다. 그는 '자기중심적 사람'이란 단어에 가장 가혹한 판단을 내렸고 가장 완고한 편견을 불러일으켰다. 그렇다, 이 책은 실제로 **인간**에 대해 쓴 것이다. 그럼에도 불구하고 슈티르너가 감춰진 면을 뒤집어 "그는 **인간답지 않은 인간**[56]에 대해 쓴 것이다."라고 말했다면, 그는 사람들을 그렇게 심하게 기분 상하게 하지 않고 같은 목표를 향해 나아갈 수 있었을 것이다. 하지만 누군가가 반대로 감정적으로 그를 오해하여 그를 '진정한 인간'을 위해 자신들의 목소리를 높이는 사람들의 목록에 올렸다면, 그때 그 일은 그 자신의 탓일 것이다. 슈티르너는 다음과 같이 말한다. "인간은 인간답지 않은 인간이다." 인간이라는 것은 인간답지 않은 것이고, 인간에 대해 말하는 것은 인간답지 않은 인간에 대해 말하는 것이다.

/173/ 어떤 개념에 어떤 본질이 결여되어 있다면, 그 개념에 완전히 일치하는 본질은 결코 발견되지 않을 것이다. 그대에게 인간에 대한 개념이 부족하다면, 그 일은 그대가 인간이란 용어로 표현

---

56) 인간답지 않은 인간(Unmenschen): 울피 랜드스트라이커는 이 단어를 모두 'the inhuman monster'로 옮겼다. 이 번역은 다소 지나친 것이라고 볼 수 있다. 왜냐하면 'Unmenschen'은 괴물이 아니라, '인간답지 않은 인간'을 의미하는 것이기 때문이다. "**인간답지 않은 인간**이 무엇인지 알기 쉽게 말하는 것은 정말 힘들지 않다. 그러니까 인간답지 않은 인간다움이 인간이라는 **개념**에 해당하지 않는 어떤 인간다움이듯이, 인간답지 않은 인간은 인간이라는 **개념**과 일치하지 않는 어떤 인간이다. (……) 오로지—인간답지 않은 인간이 **현실의** 인간이다." 같은 책, 275쪽.

76

할 수 없는 개별성, 따라서 모든 경우에 **개별적 인간**이라는 사실을 즉시 드러낼 것이다. 지금 누군가가 그대가 완전히 인간이어야 하고 인간일 뿐이어야 한다고 요구한다면, 그럼에도 불구하고 그대는 그대의 개별성을 버릴 수 없을 것이다. 그리고 정확히 이러한 개별성 때문에 그대는 인간답지 않은 인간, 다시 말해 참된 인간이 아닌 인간이거나, **실제로** 인간답지 않은 인간인 그런 인간일 것이다. 인간이라는 개념은 인간답지 않은 인간에게서만 그 개념의 실재성을 가질 수 있다.

인간이란 개념에 견주어 평가된 모든 현실적 인간이 인간답지 않은 인간이라는 사실은 종교에서 모든 인간은 '죄인'이다(죄의식)라는 주장으로 표현되었다. 그러니까 오늘날 죄인은 자기중심적 사람이라고 불린다. 그렇다면 이러한 판단의 결과로 어떤 결정을 내렸는가? 죄인을 구원하고, 자기중심성을 극복하며, 참된 인간을 찾고 실현하는 일이다. 사람들은 개념을 위하여, 개별성, 즉 **유일자**를 비난한다. 인간을 위하여, 인간답지 않은 인간을 비난한다. 게다가 인간답지 않은 인간이 인간의 올바르고 유일한 실재성이라는 사실을 인식하지 못했다. 사람들은 인간의 참된 인간적 실재성을 절대적으로 원했다.

세상 사람들은 정말로 일종의 모순성을 원했다. 인간답지 않은 인간 속에서 인간은 실재적이고 현실적이다. 모든 인간답지 않은 인간이—인간이다. 그러나 그대는 인간의 실재성으로서만 인간답지 않은 인간이고, **인간이란 개념**과 비교해서만 인간답지 않은 인간이다.[57]

그대는 인간답지 않은 인간이고, 이것이 바로 그대가 완전한 인간, 곧 실재적이고 현실적 인간, 완벽한 인간인 이유이다. 그러나 그대는 그야말로 완벽한 인간보다 **그 이상**이고, 그대는 개별적 인간이며, **유일한** 인간이다. 따라서 인간과 인간답지 않은 인간, 이러한 종교적 세계의 대립은 그대 속에서, 곧 **유일자** 속에서 그대의 신적 의미와 악마적 의미, 따라서 그대의 신성한 의미나 절대적 의미를 잃어버린다.

/174/

우리의 성도(聖徒)들이 항상 인간이 인간 속에서(in den)[58] 인간임을 인정해야 한다고 열망하는 한, 우리의 성도들이 그토록 인정하기 위해 고생한 인간은 인간답지 않은 인간으로 인정될 때에만 완전하게, 실제로 인정된다. 인간이 그렇게 인정된다면, 모든 종교적 혹은 '인간적' 요구는 중지하고, 선(善)의 지배, 위계질서[59]

---

57) "나는—그대가 보기에 참으로 인간답지 않은 인간이외다. 하지만 그대가 나를 인간다운 인간과 대립시키기 때문에만 그렇다네." 같은 책, 230쪽.

58) 분명히 'dem'이라고 써야 한다.

59) 위계질서(Hierarchie): "위계질서는 생각의 지배, 정신의 지배구나!" 『유일자와 그의 소유』, 116쪽.

78

는 끝장난다. 왜냐하면 유일자, 즉 아주 공통의 인간[60](포이어바흐가 말하는 덕이 있는 '공동체적 인간'이 아니라)이 동시에 완전한 인간이기 때문이다.

슈티르너가 인간에 대해 글을 쓰긴 하지만, 동시에 바로 연이어서, 그는 인간과 대립하는 인간답지 않은 인간에 대해 글을 쓴다. 그러나 그는 인간답지 않은 인간인 인간이나 인간인 인간답지 않은 인간에 대해 글을 쓰지 않는다.──다시 말해 그가 인간답지 않은 인간이기 때문에, 그는 말할 것도 없이 자연히 완전한 인간인 아주 공통의 유일자를 위해 글을 쓴다.

신앙심이 깊은 사람만이, 신성한 사회주의자 등등만이, 곧 온갖 종류의 '성도'만이 인간이 인간 안에서 인정받고 평가받는다는 것을 막는다. 그러니까 그들이 항상 공통의 자기중심적 교류를 제한했고 제한하려고 노력해 왔기 때문에, 그들만이 순수한 인간적 교류를 억제한다. 그들은 **신성한** 교류를 도입했고 가능하면 그것을 **가장 신성한 교류**로 만들고 싶어 했다.

---

60) 아주 공통의 인간(ganz gemeine Mensch): 슈티르너는 모든 인간에게 실제로 '공통의' 것은 그 또는 그녀가 독특하다는 것이다. 그는 이 점을 강조하고 있다. 여기서 '공통의(gemein)' 것은 포이어바흐가 이상화한 '공동체적 인간(Gemeinmensch)'이란 개념과 대조적이다. 다음 단락에서 '아주 공통의 유일자(ganz gemeinen Einzigen)'라고도 표현한다. 유일자로서 공통성이 있다는 의미이다.

실제로, 스첼리가가 여전히 자기중심적 사람과 자기중심성이 무엇인지에 대해 다양한 이야기를 하긴 했지만, 사실 부유한 처녀와 수다쟁이 부인을 예를 들어 화제를 다 써버렸다. 그는 자기중심적 사람을 '노동을 싫어하는' 사람으로, '호박이 넝쿨째 굴러떨어지기를 기다리고 있는' 사람으로, '희망이라는 이름에 어울리는 것은 하나도 **보존하지 않는**' 사람 등등으로 묘사한다. 이렇게 하여 자기중심적 사람은 편안하게 살고 싶어 하는 사람을 뜻한다. 오히려 그가 '자기중심적 사람=잠꾸러기'로 정의했다면 훨씬 더 명확하고 단순했을 것이다.

   마치 스첼리가가 자신이 생각하는 자기중심적 사람을 '진정한 희망'으로 판단하는 한에서, 자신의 자기중심적 사람은 절대자에 의해 판단되어야만 한다고 이미 말한 것처럼, 그렇게 일반적으로 더 적절한 단어의 대가인 포이어바흐는 훨씬 더 확고한 방식으로 같은 말을 반복한다. 그는 자신에게 유용한 사람(자기중심적 사람)에 대해 다음과 같이 말한다. "그 사람은 더 낮은 것을 위해 더 높은 것을 희생으로 바친다." 그리고 그는 자기에게 유용하지 않은 사람에 대해, "그 사람은 더 높은 것을 위해 더 낮은 것을 희생으로 바친다."라고 말한다.—'더 높은 것과 더 낮은 것'은 무엇인가? 그것은 그대를 표준으로 삼고 그대가 척도인 어떤 것이 아닌가? 그대를 위해, 정확히 지금 이 순간에 그대

80

를 위해 가치 있는 어떤 것이 있었다면,—지금 이 순간에만 그대는 그대이기 때문에, 이 **순간의 사람**으로서만 그대는 실재한다. 그러니까 "누구라도 그러하듯이",[61] 오히려 그대는 매 순간에 '다른 사람'이 될 것이다.—그대에게 지금 이 순간의 어떤 것이 다른 순간의 어떤 것보다 '더 높은' 것으로 여겨진다면, 그대는 다른 순간의 지금 이 순간을 희생하지 않을 것이다. 오히려 매 순간에, 그대는 바로 지금 이 순간에 그대에게 더 낮은 것으로 혹은 덜 중요한 것으로 보이는 것만을 희생한다. 그러므로 포이어바흐의 '더 높은 것'이 어떤 의미를 지녀야만 한다면, 그것은 그 순간부터 그대에게서 분리되고 그대에게서 자유로운 더 높은 것이어야만 한다. 그것은 절대적으로 더 높은 것이어야 한다. **절대** /176/ **적으로** 더 높은 것은 그것이 당신에게 더 높은 것인지 묻지 않는 그러한 더 높은 것이다. 오히려 절대적으로 더 높은 것은 **그대를 무시하는** 더 높은 것이다. 그래야만 '희생된' 어떤 더 높은 것과 어떤 '더 고상한 향유'에 대해 말할 수 있다. 포이어바흐에게 그러한 '더 높은 것'은 창녀와의 향유와 대조되는 애인과의 향유이거나 창녀와 대조되는 애인이다. 첫 번째 것은 더 높은 것이고

---

61) 누구라도 그러하듯이(allgemeines Du): 슈티르너가 말하는 보편은 다른 비평가들이 말하는 보편과 다르다. 앞의 '공통의' 인간과 연결하여 논의할 수 있다.

두 번째 것은 더 낮은 것이다. 만약 그대에게 지금 이 순간에 그대가 욕망하는 유일한 향유가 그녀이기 때문에, 그대에게 창녀가 더 높은 향유라면,—이 일은 애인에게서만 즐거움을 찾고 그들의 순수한 마음의 척도로 애인이 '더 높은 것'이어야 한다고 명령하는 포이어바흐와 같은 위대하고 고귀한 마음과 무슨 상관이 있단 말인가! 창녀에게 애착을 느끼는 사람이 아니라, 애인에게 애착을 느끼는 사람만이 "자신의 온전하고 완전한 본질을 만족시킨다." 그렇다면 이러한 온전하고 완전한 본질은 무엇인가? 확실히 그것은 그대의 순간적 본질이 아니라, 그대가 바로 지금 본질이라는 것이 아니라, 또한 일반적으로 **그대가** 본질이라는 것이 아니라, 오히려 그대가 '인간다운 본질'이라는 것이다. 인간다운 본질에게 애인은 가장 높은 것이다.—그렇다면 포이어바흐의 의미에서 자기중심적 사람은 누구인가? '더 높은 것'에 대해, 절대적으로 더 높은 것(즉 그대의 대립적 관심을 무시하는 더 높은 것), 흥미 없는 것에 **죄를 지은** 그러한 사람이다. 그러므로 자기중심적 사람은—**죄인**이다. 스첼리가의 자기중심적 사람이 자신의 표현에 더 많은 힘을 가지고 있었다면, 마찬가지로 귀결되었을 것이다.

헤스는 자기중심적 사람이 죄인이라고 가장 분명하게 말한 사람이다. 물론 그렇게 말하면서 헤스는 결코 슈티르너의 책이 무얼 말하려는지 이해하지 못했다고 완전히 꾸밈없이 고백한다.

슈티르너는 자기중심적 사람이 죄인이라는 것 그리고 '의식적' /177/
자기중심성(헤스가 해석한 의미에서 '의식적')이 죄의식이라는 것
을 부정하지 않는가? 유럽인이 악어를 죽이면, 그는 악어에 대해
자기중심적 사람으로서 행동하지만, 그는 양심의 동요 없이 그
일을 하며, 그 일에 '죄'로 기소되지 않는다. 이와 반대로 악어를
신성시했던 고대 이집트인이지만 자기 방어를 위해 악어를 때려
죽였다면, 그는 정말로 자기중심적 사람으로서 자신의 피부를
방어했을 것이지만, 동시에 그는 죄를 저질렀을 것이다. 그러니
까 그의 자기중심성은 죄일 것이다.──그, 자기중심적 사람은 죄
인일 것이다.──이로부터 자기중심적 사람은 '신성한 것' 앞에서,
'더 높은 것' 앞에서 필연적으로 **죄인**이라는 것이 분명해진다. 그
가 신성한 것에 반대하여 자신의 자기중심성을 주장한다면, 이
일은 당장 죄이다. 하지만 다른 한편으로는 그 일이 신성한 것이
라는 척도로 측정되는 한에서만 죄일 뿐이다. 그리고 '죄의식'을
달고 다니는 그러한 자기중심적 사람만이 동시에 신성한 것이라
는 의식에 정신을 빼앗긴 사람이다. 악어를 죽인 유럽인은 이렇게
함으로써, 즉 그가 의식적인 자기중심적 사람으로서 행동함으로
써 자신의 자기중심성을 인식한다. 그러나 그는 자신의 자기중
심성을 죄라고 생각하지 않고 이집트인의 죄의식을 비웃는다.

'신성한 것'에 반대하는 자기중심적 사람은 항상 죄인이다. 그러니까 신성한 것에 대해 자기중심적 사람은——**범죄자** 이외에 다른 사람이 될 수 없다. **신성한** 악어는 **자기중심적** 사람에게 **죄를 지은 사람**이라는 낙인을 찍는다. 마치 신성한 악어는 그에게 신성하지 않은 악어이기 때문에, 유럽인이 죄를 짓지 않고 악어를 때려 죽인 것처럼, 자기중심적 사람이 신성한 것을 모독할[62] 때에만 죄인과 죄를 자신으로부터 벗어 던질 수 있다.

헤스는 다음과 같이 말한다.[63] "오늘날 쩨쩨한 사람의 세계는 /178/ 그 본질에 상응하는 의식적이고 원리적인 자기중심성이 매개된 형태이다." 박애가 넘치는 현 세상은 **원리적으로** 사회주의에 완전히 동의한다(예를 들어《사회의 거울(Gesellschaftsspiegel)》과《베스트팔렌의 증기선(Westphälischen Dampfboot)》[64]을 보라, 얼마나 사회주의자의 원리가 모든 선량한 시민 또는 부르주아의 '안식일 사상' 및 이상과

---

62) 여기서 'heilig(신성한)'이란 단어와 연결시켜 자기 주장을 펼치고 있다. 독일어를 병기하면 다음과 같다. "신성한 것(Heilige)을 모독할(entheiligt) 때에만 죄인과 죄를 자신으로부터 벗어 던질 수 있다."

63) 독일어본 158쪽이다.

64) 1840년대 독일에서 두개의 잡지는 마르크스파에 가까웠다.《사회의 거울》에 헤스의 서문「《사회의 거울》독자와 기고자에게」가 실려 있다. 그리고《베스트팔렌의 증기선》에 마르크스와 엥겔스가 공동 집필한『독일 이데올로기』의 일부인「칼 그륀의『프랑스와 벨기에에서의 사회운동』」이 실려 있다.

완전히 동일한지를).——이러한 세계에서 대대수가 신성함이라는 이름 속에서 자신의 이익을 잃게 하도록 할 수 있고, 이러한 세계에서 형제애, 인류애, 옳음, 정의, '다른 사람을 위한 존재'이자 다른 사람을 위한 행위 등등이라는 이상은 입에서 입으로 전해진 것이 아니라, 오히려 끔찍하고 파멸을 초래하는 위험한 일이다.——이러한 세계는 참된 인간다움을 동경하고 온갖 종류의 사회주의자, 공산주의자, 박애주의자를 통해 진정한 구원을 찾기를 희망한다.——이러한 세계에서 사회주의자의 노력은 모든 '쩨쩨한 사람'[65]의 명백한 감각에 지나지 않으며 모든 올바른 생각을 하는 사람들에게 호응을 얻는다.——이러한 세계의 원리는 '모든 인간의 복지'이고 '인류의 복지'이다. 그리고 이러한 세계는 이러한 복지가 어떻게 만들어지는지 아직 모르기 때문에, 그리고 아직 세계의 마음에 드는 이념의 사회주의적 실현을 신뢰하지 않기 때문에, 이러한 복지를 꿈꾸는 것일 뿐이다.——모든 자기중심성을 맹렬하게 열렬히 반대하는 이러한 세계를 헤스는 '자기중심적' 세계라고 헐뜯는다. 그럼에도 불구하고 그는 옳았다. 이러한 세계가 악마를 열렬히 반대하기 때문에, 악마가 세계의 뒤를 바짝 쫓는다. 그러니까 헤스만이 이러한 자기중심적이고 죄

---

65) 쩨쩨한 사람(Krämerseele): 이 단어는 '이기주의자'란 의미도 있다.

를 의식하는 세계와 함께 **신성한** 사회주의를 고려해야 했다.

헤스는 자유로운 경쟁을 살인을 동반한 강도의 완전한 형태이
자 동시에 상호적, 인간적 소외(즉, 자기중심성)에 대한 완전한 의

식이라고 부른다. 여기서 다시 자기중심성은 여전히 유죄이다.
도대체 경쟁을 결정한 이유가 무엇인가? 왜냐하면 경쟁이 모두
에게 **유용해** 보였기 때문이다. 그런데 왜 사회주의자들은 지금
경쟁을 폐지하려고 하는가? 경쟁이 기대하는 **유용성**을 제공하지
않기 때문에, 대다수가 경쟁으로 인해 나쁘게 행동하기 때문에,
모두가 자신의 지위를 향상시키고 싶어 하고 **그러한 목적**을 위해
경쟁을 폐지하는 것이 도움이 되는 것처럼 보이기 때문이다.

자기중심성은 경쟁의 '기본 원리'인가? 아니면 반대로 자기중
심적 사람이 경쟁을 **잘못 생각하지** 않았는가? 정확히 경쟁이 자
기중심적 사람의 자기중심성을 만족시키지 못하기 때문에, 자기
중심적 사람은 경쟁을 포기해야 하는 것 아닌가?[66]

---

66) 슈티르너는 자유로운 경쟁은 자유롭지 않은 경쟁이라고 주장한다. "도대체 '자
유로운 경쟁'이 정말로 '자유로운가?' 자유로운 경쟁이 자신의 권리를 이러한 칭
호에 근거를 두기 때문에, 그것이 자유로운 경쟁이라 주장하듯이, 과연 그것이,
실제로 '경쟁', 그것이 그렇게 사람들의 경쟁인가? 에—뭐라고 할까, 자유로운
경쟁은 개인들이 모든 개인적 지배로부터 자유롭게 된다는 그런 이유에서 비롯
되었다. 시민적 원리의 지배자인 국가가 수많은 장벽으로 제한하는 어떤 경쟁이
'자유로운가?'" 『유일자와 그의 소유』, 404쪽.

세상 사람들은 경쟁을 **모두를 위한 행복**으로 보았기 때문에 경쟁을 도입한다. 그들은 경쟁에 **동의했고** 경쟁을 집단적으로 추구했다. 이러한 일, 즉 이 고립과 분리(die Isolierung und Vereinzelung)[67]는 그 자체로 연합, 동의, 동일한 신념의 산물이며, 그러한 일은 사람들을 분리시킬 뿐만 아니라 연결하기도 했다. 경쟁은 **법적** 지위였지만 이 법은 공동의 결속, 사회적 연합이었다. 사람들은 사냥을 하는 사냥꾼들이 각자의 목적을 위해 숲 전체에 흩어져서 '따로따로' 사냥하는 것이 사냥에 좋다고 생각하여 경쟁에 **동의**할 수 있다.[68] 가장 **유용한** 것은 논쟁의 여지가 있다. 그리고 이제 확실히 밝혀졌다. 잠시 덧붙여 말하자면—경쟁에서 모든 사람이 **자신의 이익**, 자신이 원하는 '사적 이익', 자신의 유용성, 자신의 실제 관심을 찾는 것은 아니라는 사실을 사회주의자들이 처음으로 발견한 것은 아니다. 그러나 이것은 자기중심적, 혹은 흥미를 끄는 계산을 통해서만 나온다.

그러는 사이에, 어떤 사람들은 자기중심성에 대한 그들 자신

---

67) 슈티르너는 이 두 단어를 이 문단과 다음 문단, 그리고 그 다음 문단에서 '자기중심성'을 설명하는 중요한 말로 간주하고 있다.

68) 이 문단에서 슈티르너는 'vereinzeln(따로따로 떼어놓다)'라는 단어로 자신의 주장을 펼치고 있다.

/180/ 의 표상를 준비했고 /180/ 자기중심성을 완전히 '고립'[69]으로 생각한다. 그런데 이 세상에서 자기중심성이 고립[70]과 무슨 관계가 있는가? 내가 인간들을 꺼리기 때문에 내가 이와 같은 자기중심적 사람이 되는 것인가? 나는 물론 내 자신을 고립시키거나[71] 외로움을 느낄 수도 있지만, 그러한 이유 때문에, 나는 사람들 사이에 머물며 그들과의 교제를 즐기는 다른 사람들보다 조금도 더 자기중심적이지 않다. 내가 내 자신을 고립시킨다면, 이 일은 내가 더 이상 이 사회에서 즐거움을 느끼지 못하기 때문이다. 이와 달리 내가 사람들 사이에 머물러 있다면, 그 일은 사람들이 나에게 여전히 더 많은 것을 제공하기 때문이다. 머물러 있다는 것은 자신을 고립시키는 것만큼이나 자기중심적이다.

물론 경쟁에서 모든 사람은 고립되어 있다. 그러나 그럼에도 불구하고 사람들이 협동이 고립보다 **더 유용하다는** 것을 알기 때문에, 경쟁이 사라진다면, 모두가 연합 속에서 자기중심적 사람이 되어 **자기자신의 이익을** 추구하지 않겠는가? 누군가는 다른 사람들을 희생하여 자기자신의 이익을 추구하는 것을 반대할 것이

---

69) 'Isolierung'은 앞 단락에서 설명했듯이 '연합'의 산물이다.
70) 'Isoliertheit'도 앞 단락에서 설명했듯이 '연합'의 산물이다.
71) 'isoliere', 이 단락에서도 슈티르너는 'isolieren(격리시키다, 고립시키다)'이라는 단어로 자신의 주장을 펼치고 있다.

다. 그렇다, 맨 먼저 단지 다른 사람들을 희생하여 자신의 이익을 추구하지 않을 것이다. 다른 사람들은 더 이상 자신들의 희생으로 누군가가 살아가도록 내버려두는 그런 멍텅구리이길 원하지 않기 때문이다.

하지만 "자기중심적 사람은 단지 자기자신만을 생각하는 그런 사람일 뿐이라구!"——그런 사람은 다른 사람과 함께하는 것, 즉 다른 사람들을 '생각하는' 것에서 발생하는 모든 기쁨을 잘 알지 못하고 느끼지 못하는 사람일 것이고, 헤아릴 수 없는 즐거움을 결여한 사람, 그래서——**가난한 사람**이 될 것이다. 그러나 왜 이러한 고독한 외톨이가 부유한 사람과 비교해서 자기중심적 사람이어야 하는가? 확실히, 우리는 오랫동안 가난을 마치 범죄처럼, 치욕으로 생각하는 데 익숙해질 수 있었고, 신성한 사회주의자들은 가난한 사람들이 범죄자처럼 취급된다는 것을 분명히 증명했다. 그러나 신성한 사회주의자들은 부르주아지가 **자신들의** 가난한 사람에게 하는 것처럼 **자신들의** 눈에 경멸스러운 가난한 /181/ 사람을 이런 식으로 취급한다.

그러나 왜 구체적 관심을 존중하는 사람을 보편적 관심을 소유한 사람보다 '더 자기중심적'이라고 불러야만 하는가? 굴이 개보다 더 자기중심적인가? 흑인이 독일인보다 더 자기중심적인가? 가난하고 경멸받는 고물 장수 유대인이 열광하는 사회주의자보다 더 자기중심적인가? 예술 작품에 대해 아무런 **감정을** 느끼지 못하기 때문에 예술 작품을 파괴하는 예술 파괴자가 똑같은 예술 작품에 대해 감정과 관심을 갖고 있기 때문에 큰 사랑과 보살핌으로 똑같은 예술 작품을 돌보는 예술 감정가보다 더 자기중심적인가? 그리고 이제 누군가가(그런 사람이 존재할 수 있는지 여부는 열어두겠다) 인간에게서 조금도 '인간다운' 관심을 찾지 못했다면, 그가 인간을 인간으로서 소중히 여기는 것을 알지 못했다면, 그는 자기중심성의 적들이 주장하는 것처럼 자기중심적 사람의 본보기가 되기보다는, 그러한 관심과 관련해서 더 가난한 자기중심적 사람이 아닌가? 인간을 사랑하는 어떤 사람은 인간에 대한 사랑 때문에 아무도 사랑하지 않는 다른 사람보다 더 부유한 사람이다. 하지만 여기서 자기중심성과 비(非)자기중심성의 대립은 전혀 존재하지 않는다. 왜냐하면 둘 다 자신의 관심만을 좇기 때문이다.

그러나, 모든 사람은 인간에 대한 관심, 인간을 위한 사랑이 있어야만 한다구!

그런데, 이러한 '책무', 즉 **사랑의 계율**[72]을 통해 그대가 얼마나

---

72) "꾸밈없는 사람의 사랑은 교육을 통해 어떤 **계율**이 된다. 그러나 계율로서의 사랑은 **나**에 속하는 것이 아니라, 그 자체로 인간에 속한다. 그런데 세상 사람들은 계율로서의 사랑이 나의 **본질**(Wesen)이라며, 그 본질에 대해 **야단법석**을 떤

멀리까지 갈 수 있는지 보아라. 이천 년 동안 그러한 계율은 인간을 마음으로 인도했고, 여전히 오늘날 사회주의자들은 우리의 프롤레타리아가 고대의 노예보다 덜 사랑받는다고 불평한다. 그러나 이 같은 사회주의자들은 여전히 이러한—사랑이란 계율에 찬성하여 자신들의 목소리를 아주 크게 높인다.

사람들이 그대에게 관심을 갖기 바란다면, 사람들에게 관심을 이끌어 내야지, 신성한 예복처럼 신성한 인간다움을 내세우고 다음과 같이 거지처럼 울부짖는 흥미 없는 신성한 존재로 남아 있지 마라. "우리의 인간다움을 존중하라, 그것은 신성한 것이라 /182/ 구!"

슈티르너가 주장하는 자기중심성은 사랑에도 반대하지 않고, 생각에도 반대하지 않는다. 그러니까 자기중심성은 결코 사랑이란 달콤한 삶의 적이 아니고, 헌신과 희생의 적도 아니다. 그리고 자기중심성은 가장 진심 어린 따뜻한 사랑의 적도 아니지만, 또한 비판의 적도, 사회주의의 적도, 간단히 말하면, 어떤 **현실적**

다(von dem man viel Wesens macht)." 『유일자와 그의 소유』, 448쪽, "나는 또한 소수의 사람(einzelne)뿐만이 아니라, 모든 사람을 사랑한다. 하지만 나는 자기중심성에 대한 의식으로 모든 사람들을 사랑한다. 그러니까 나는 사랑이 **나를** 행복하게 만들기 때문에 그들을 사랑한다. 나는 사랑이 나에게 자연스럽기 때문에, 사랑이 나를 즐겁게 하기 때문에 그들을 사랑한다. 나는 어떤 '사랑의 계율'도 알지 못한다. 나는 모든 감정이 있는 존재와 **공감한다.**" 같은 책, 450쪽.

관심의 적도 아니다. 자기중심성은 관심을 배제하지 않는다. 자기중심성은 무관심성과 흥미롭지 않은 것에 대해서만 반대한다. 그러니까 자기중심성은 사랑에 반대하는 것이 아니라, 오히려 신성한 사랑에 반대하는 것이고, 생각에 반대하는 것이 아니라, 오히려 신성한 생각에 반대하는 것이며, 사회주의자에 반대하는 것이 아니라, 오히려 신성한 사회주의자에 반대한다.

누군가가 고립, 분리, 고독으로 행세하고 싶어하는 자기중심적 사람의 '배타성'[73]은 반대로—흥미롭지 않은 것을 배제함으로써 흥미로운 것에 완전히 **참여하는** 것이다.

---

73) '배타성(Ausschliesslichkeit)'을 언급하는 슈티르너의 글을 보면, 배타성은 유일성과 같은 의미이다. "자기중심성의 가장 단순한 형태이기에 가장 견고한 형태인, 바로 유일성(Einzigkeit), 배타성(Ausschliesslichkeit)의 형태인 자기중심성에 대한 투쟁이다." 『유일자와 그의 소유』, 211쪽 참조, 'Ausschliesslichkeit'는 유일성, 배타성, 물리치는 성질로 번역했다. 문맥으로 이해하면, 슈티르너는 이 단어를 인간다움이라는 보편성에 반대하는 의미로 사용한다. 그러므로 유일성으로 번역할 수 있다. 또한 유일성은 각각의 고유한 성질이기 때문에 통합하고 일치하는 것이 아니라, 서로를 밀어내는 성질을 갖는다는 의미에서 배타성을 띠고 있으며 이는 서로 물리치는 성질이며 서로 밀쳐내는 힘이라고 볼 수 있다. 영어로는 'repulsion'인데, 이는 물리학에서 척력(斥力)이라 한다. 척력은 같은 종류의 전기나 자기를 가진 두 물체가 서로 밀어내려는 힘을 말한다." 같은 책, 주석 243. "배타적, 유일한 사람 그 자체보다 더 배타적일 수 있는 것은 무엇이란 말인가!" 같은 책, 212쪽. "그들 중 누구도 자신의 가치를 **배타성** 속에 놓는 것이 아니라, **결합성** 속에, 그를 다른 사람과 결합하게 하는 '결합 관계', 곧 혈연, 국민, 인류라는 결합 관계 속에 놓는다." 같은 책, 377-378쪽.

아무도 슈티르너의 책의 가장 긴 절인 '나의 교류'[74]에서 그의 세계 교류[75]와 그의 자기중심적 사람들의 연합[76]에 대한 공로를 인정하지 않는다.

---

74) 『유일자와 그의 소유』 제2부 2장 2절이 '나의 교류'이다. 책 전체에서 이 부분은 가장 긴 내용(326-495쪽)으로 구성되었다.

75) "내가 세계와 교류하는 것은 무엇을 목표로 삼는가? 나는 세계를 향유하고자 하는데, 그런 까닭에 세계는 나의 소유로 존재해야만 하고, 그러므로 나는 세계를 획득할 것이다." 같은 책, 493쪽. "내가 세계와 교류하는 것은 내가 세계를 향유하는 것이고, 그래서 나의 자기향유를 위해 세계를 사용하는 것이다. **교류는 세계향유**이며 나의—자기향유에 속한다." 같은 책, 495쪽.

76) "다시 말해 나는 '인간다운 사회'를 없애고 그 자리에 **자기중심적 사람들의 연합**(Verein von Egoisten)을 세운다." 같은 책, 278쪽.

* * * * *

구체적으로 언급한 세 명의 반대자와 관련하여 그들의 글에서 그릇된 구절을 모두 살펴보는 것은 지루한 작업일 것이다. 나는 지금 그들이 주장하거나 주장하고 싶었던 것, 특히 포이어바흐의 철학, 순수한 비판과 사회주의라는 그러한 원리들을 보다 상세히 논할 생각이 거의 없다. 그들 각각의 주장들은 그 주장들에 대한 각각의 논문으로 다음 기회에 잘 밝혀질 가치가 있다. 따라서 몇 가지 고려사항만 추가한다.

스첼리가

스첼리가는 다음과 같이 시작한다. 마치 슈티르너가 이러한 /183/
'주제'에 대해 말하지 않은 것처럼(예를 들어 『유일자와 그의 소유』
394쪽에서), "순수한 비판은 보여주었다 등등." 처음 2쪽에서 스
첼리가는 자신을 "비판이 관찰 대상과 하나가 되어 자리 잡도록
부추기는" 비판가로 소개하고, "관찰 대상을 마음에서 태어난
마음으로 받아들이는" 비판가로 소개하며, "그가 싸워야 할 본
질의 가장 깊은 곳으로 들어가는" 비판가로 소개한다. 등등. 우
리가 보여준 것처럼 스첼리가는 적어도 슈티르너 책의 가장 깊
은 부분에 들어가지 않았다. 그래서 우리는 여기서 그를 순수한
비판가로 간주하고 싶은 것이 아니라, 오히려 슈티르너 책을 비
평한 대중의 한 사람으로 간주하고 싶다. 우리는 비판이 같은 일
을 하는지 여부를 언급하지 않고, 스첼리가가 비판하고자 한 것

을 스첼리가가 했는지를 볼 것이다. 따라서 예를 들어 우리는 이 "비판은 유일자의 인생 행로를 따를 것이다."라고 말하지 않고 "스첼리가는 ……를 따를 것이다."라고 말할 것이다.

스첼리가가 자신의 생각 중 하나를 '원숭이(Affe)'라는 단어로 완전히 개념적으로 표현할 때, 순수한 비판은 유사한 생각을 다른 단어로 표현한다고 말할 수 있다. 그러나 단어는 스첼리가나 비판에 무관심하지 않으며, 누군가가 스첼리가가 말한 원숭이를 단어의 뜻이 매우 다를 수 있는 비판의 생각[77]에 강요하려고 했다면, 비판을 잘못하고 있는 것이다. 말하자면 원숭이는 스첼리가에게만 생각의 참된 표현이다.

24쪽부터 32쪽까지 스첼리가는 명백히 순수한 비판이 마땅히 해야 할 일을 다룬다. 그러나 순수한 비판은 아마도 순수한 비판이 마땅히 해야 할 일을 다루는 이러한 시적(詩的) 방식이 상당히 어색하다고 생각하지 않을까?

우리는 그에게 영감을 주었거나 그를 '부추겼다고' 추정되는 비판적 시신(詩神: Muse)에 대한 그의 예증을 받아들이지 않는다. /184/ 그리고 우리는 그가 자신의 시신을 칭찬하면서 말하는 모든 것, 심지어 "유일자(요컨대 슈티르너는 스첼리가, 포이어바흐 및 헤스를

---

77) 'Affe'는 술에 취함(구어), 멍청이; 멋쟁이(비어), 배낭(군사)이란 뜻도 있다.

'유일자'라고 부르는구나!)가 스첼리가에게 기회를 제공하는 자기 완성의 새로운 행위"를 무시한다.

예를 들어, 스첼리가의 글 6쪽의 첫 번째 단락을 『유일자와 그의 소유』('나의 자기향유'[78])의 468-478쪽과 비교해 보면, 그가 어떻게 유일자의 인생 행로를 따라갈 수 있는지 알 수 있다. 스첼리가는 마치 일종의 비겁한 것 같은 슈티르너의 '생각하지 않음'[79]에 '생각하는 용기"를 대립시킨다. 도대체 왜 그는 "자신이

---

78) 『유일자와 그의 소유』 제2부 2장, 3절이 '나의 자기향유'이다.

79) 생각하지 않음(Gedankenlosigkeit): 울피 랜드스트라이커는 영어본에서 이 단어를 아무 생각 없음(mindlessness)으로도 이해할 수 있다고 하면서, 이 단어는 슈티르너가 동양 철학에 대해 잘 알고 있다는 추가 증거를 제공한다고 본다.[이 단어가 망념과 망상이 없는 무심(無心)의 상태를 가리키는 불교 교리인 무념무상(無念無想)의 의미와 연결된다고 보기 때문에 그렇게 본 것일까?] 그러면서 그는 문맥상 '생각하지 않음(thoughtlessness)'이 더 잘 어울린다고 말한다. 내 번역의 다음 구절을 참조하라. "나를 정신을 빼앗긴 상태에서 자유롭게 하는 것은 생각하기가 아니라 생각하지 않기 혹은 생각할 수 없는, 개념적으로 파악할 수 없는 나이다." 『유일자와 그의 소유』, 234쪽, "생각하지 않음에 갈채를 보내는 엄청난 의미는 사유와 신앙의 긴긴 어둠이 지속되는 한 이해될 수 없다." 같은 책, 234쪽, "내 창조적—생각하지 않음의 창조물" 같은 책, 523쪽, "나는 생각의 자유 대신에, 자기자신을 위해 생각하지 않기로 한다." 같은 책, 535쪽, "이러한 생각하지 않기, 이러한 인정받지 못한 '생각의 자유' 혹은 생각으로부터의 자유를 통해서만 그대는 그대 자신의 것이다. 오직 그렇게 하여 그대는 언어를 그대의 소유로서 소비하는 곳까지 다다른다." 같은 책, 535-536쪽, "성직자다운 정신은 이러한 그대의 무관심성(Interesselosigkeit)을 확실히 '게으름, 생각하지 않기, 고집, 자기기만' 등으로 해석할 것이다." 같은 책, 539쪽.

싸워야 할 본질의 가장 깊은 곳으로 들어가지" 않는가?[80] 그러니까 그는 왜 저 생각하지 않음이 생각하는 용기와 아주 잘 어울리지 않는지 조사하지 않을까? 그는 정확히 "관찰 대상과 하나가 되어 자리 잡아야"[81] 했다. 그러나 누가 생각하지 않음과 같은 경멸할 만한 대상과 하나가 되어 자리 잡을 생각이 있겠는가! 어떤 경우든 경멸할 만한 대상의 이름을 말하기만 하면, 당연히 즉시 침을 뱉는다.

슈티르너는 순수한 비판에 대해 다음과 같이 말했다. "생각의 관점에서 보면 그대 자신의 힘보다 우월할 수 있는 힘이란 없다. 그리고 [비판이라는] 이 용(龍)이 얼마나 쉽고 장난스럽게 생각이란 다른 모든 고뇌들을 먹어 치우는지를 보는 것은 즐거운 일이다."[82] 마치 슈티르너도 비판가의 역할을 하는 것처럼, 여하튼 스첼리가가 그렇게 여기기 때문에, 그는 "유일자(원숭이 같은)가 비판이란 용을 꾀어내고──자유와 자기에게 유용하지 않음이라

---

80) 슈티르너는 앞서 스첼리가가 한 말을 재인용하면서 스첼리가를 비판하고 있다.

81) 여기도 마찬가지로 앞서 스첼리가가 한 말을 재인용하면서 스첼리가를 비판하고 있다.

82) "생각의 관점에서 보면 그대 자신의 힘보다 우월할 수 있는 힘이란 없다. 그리고 [비판이라는] 이 용(龍)이 얼마나 쉽고 장난스럽게 생각이라는 다른 모든 고뇌들을 먹어 치우는지를 보는 것은 즐거운 일이다." 『유일자와 그의 소유』, 233쪽, 독일어본에서 슈티르너는 'Drache(용)'과 'Würm(용, 벌레, 고뇌)'을 사용한다.]

는 고뇌들로부터 시작하여 생각이란 고뇌들을 꿀꺽 삼켜 넘기도록 유일자를 격려한다"고 생각한다. 도대체 슈티르너는 어떤 비판을 사용하는가? 아마도 십중팔구는 순수한 비판은 아닐 것이다. 왜냐하면 스첼리가 자신의 말에 따르면, 순수한 비판은 우리를 "일반적으로 우선 진정한, 인간다운 자유라는 이념으로 교육시키기" 위하여, '진정한' 자유라는 이름으로 '개별적' 자유에 맞 /185/ 서 싸울 뿐이기 때문이다. 슈티르너의 **자기중심적** 비판은 전혀 '순수한' 비판이 아니고, '자기에게 유용하지 않은, 참된, 인간다운 자유라는 이념'과 아무런 상관이 없다. 그리고 슈티르너의 자기중심적 비판은 '전혀 고정 관념이 아닌' 자유와 관련이 있다. "왜냐하면(아주 통찰력 있는 이유는) 슈티르너의 자기중심적 비판이 국가나 사회 혹은 신앙 혹은 그 밖에 어떤 특수성에 고정되어 있는 것이 아니라, 오히려 모든 인간에서, 모든 자기의식에서 인식되기 때문이다. 그리고 슈티르너의 자기중심적 비판이 모든 사람에게 자신의 자유를 측정하도록 내버려두므로, 동시에 자유의 측정에 따라 그를 측정하는가?"(자유라는 이념이 **자기자신을** 인식하고 모든 인간을 자신의 고유한 척도에 따라 측정하는구나! 꼭 하나님이 **자기자신을** 인식하고 사람들을──회개하지 않은 자와 선택받은 자로 나누어 각자에게 그들 자유의 척도를 주는 그 척도에 따라 인간을 측정하는 것처럼.)

그것에 반하여 "유일자는 생각, 권리와 법이라는 또 다른 고뇌들에 대항하여 용, 곧 비판을 풀어놓는다." 그러나 다시, 이 일은 정말로 순수한 비판이 아니라, 오히려 자기에게 흥미로운 비판이다. 슈티르너가 순수한 비판을 실천했다면, 그는 정말로 스첼리가가 표현한 것처럼, "특권의 포기, 권력이 있는 권리의 포기, 자기중심성의 포기를 요구"해야 할 것이며, 그 결과 그는 권력이 있는 권리에 맞서 투쟁하면서 '진정한, 인간의' 권리를 이끌어내야만 했고 사람들에게 정말로 여전히 진정한 권리를 충실히 따라야 한다고 훈계해야만 할 것이다. 슈티르너는 결코 순수한 비판을 사용하지 않고, 결코 이러한 용이 어떤 일을 하도록 격려하지도 않으며, 순수한 비판을 필요로 하지 않고, 결코 "진보하는 /186/ 비판의 순수성을" 통해 자신의 결과를 성취하지 않는다. 그렇지 않다면, 그는 또한 예를 들어 "사랑은 비판이 전개시키려는 새로운 창조물이어야 한다"고 스첼리가처럼 상상해야 할 것이다. "진정한 자유, 자기중심성의 포기, 사랑의 새로운 창조물"과 같은 그러한 스첼리가의 장엄함이 전혀 슈티르너의 머리에 떠오르지 않는다.

우리가 말했듯이, 거의 모든 문장을 공격해야 하기 때문에, 스첼리가가 특히 비판의 대의명분을 위해 슈티르너에 반대하는 그 구절을 무시할 것이다. "노동을 싫어함, 게으름, 게으른 본질, 부패"는 그러한 구절에서 멋진 역할을 한다. 그러나 그때 그는 인간이 인간의 개념으로부터 창조해야만 하는 '인간의 과학'에 대해서도 말한다. 그리고 그는 32쪽에서 다음과 같이 말한다. "발견하려는 인간은 더 이상 최고의 유개념이 아니다. 그러므로 인간 이외에 특별한 어떤 것도 없다." 스첼리가가 유일자는 완전히 속이 텅 빈 문구이거나 속이 텅 빈 최고의 유개념이므로 더 이상 최고의 유개념이 아니라는 것을 이해했다면, 그는 아마 유일자를 "그에게 여전히 이루 말할 수 없는 이름"으로 인정했을 것이다. 그러나 나는 그가 다음과 같이 말할 때, 그가 무슨 말을 하는지 모를까 봐 두렵다. "더 이상 최고의 유개념이 아니다."

마지막으로 '유일자가 순수한 비판에게 기회를 제공하는 자기완성의 새로운 행위'는 '유일자가 완성하는 세계가 유일자 안에 있고 유일자를 통해 가장 완전한 부정을 부여받았다'는 것과, 게다가 '비판이 이 낡고, 지치고, 부서지고, 부패한 세상과 작별을 알릴 수 있을 뿐이다'라는 것에 있다. 이런 점잖은 **자기-완성!**[83]

---

83) 큰따옴표가 있어서 인용문으로 오해할 수 있는데, 이 문단은 슈티르너가 자신의 생각을 강조하기 위해 그런 것으로 볼 수밖에 없다. 왜냐하면 『유일자와 그의 소유』에는 '자기완성'이란 말 자체가 원문에 없기 때문이다.

포이어바흐

슈티르너가 포이어바흐의 『기독교의 본질』을 읽고 이해했는 /187/ 지 여부는 그 책에 대한 구체적 비판을 통해서만 증명될 것이다. 여기에서 그런 비판은 하지 않을 것이다. 따라서 몇 가지 사항으로 제한하겠다.

포이어바흐는 자신이 다음과 같이 말할 때, 슈티르너를 이해하는 마음으로 말하고 있다고 믿는다. "포이어바흐가 여전히 **대상**에 열광하고 있다는 것은 정확히 그의 종교성의 표시이고, 그의 속박의 표시이다.[84] 그가 여전히 **무언가**를 원하고, 무언가를

---

84) 슈티르너는 종교의 속박을 다음과 같이 이해한다는 점에서 포이어바흐가 적절하게 말했다고 보이지만, 그 다음 구절에 '사랑'을 포이어바흐가 잘못 보고 있다고 비판한다. "정신은 종교적 사람을 속박하고, 욕망은 감각적 사람을 속박한다. 그러므로 종교는 나와의 관계에서 속박 혹은 다시 묶음(religio)이다. 나는 속박

사랑한다는 것은——그가 아직 자기중심성이라는 절대적 관념론에 이르지 못하였다는 증거이다." 그러나 포이어바흐는 『유일자와 그의 소유』의 다음 구절도 살펴보았는가? 사랑이란 법의 의미는 "아마 다음과 같을 것이다. 모든 사람은 자기자신보다 더 좋은 것이 자신에게 있어야만 한다."[85] 이러한 **신성한** 사랑인 무언가가 **유령**이다. "신성한(종교적, 도덕적, 인간적) 사랑으로 머릿속이 가득 찬 사람이면 누구든지 유령만을 사랑한다 등등."[86] 계속해서 다음과 같이 말한다. "사랑은 일종의 자기 정신을 빼앗긴 상태인데, 곧 내 감정으로가 아니라, (……) 오히려 대상의 타자성에 의해, (……) **절대적으로 사랑스러운** 대상에 의해 자신의 정신을 빼앗긴 상태이다."[87] "내 사랑이 완전히 자기에게 유용한 관

된 사람이다." 『유일자와 그의 소유』, 79쪽, 그리고 "라틴어 어원 'religio'는 2개의 어원적 배경을 가지고 있다. Re(다시)가 lego(읽다)와 합하여 '다시 읽다', '반복 음미하다', '주의 깊이 관찰하다'의 의미로 신에게 예배하는 것과 관계된 것들을 지속적으로 살피는 것이다. 다시 말해 신을 혹은 조상을 숭배하는 것이다. 다른 하나는 re(다시)가 ligare(묶다)와 합해 '다시 묶다'가 되었다는 견해이다. 어거스틴은 이 견해를 따랐다." 같은 책, 79쪽, 주석 83.

85) "이러한 법의 의미를 형식화한다면, 그 의미는 아마 다음과 같을 것이다. 모든 사람은 자기자신보다 더 좋은 것이 자신에게 있어야만 한다." 같은 책, 444쪽.

86) 좀 더 정확한 표현은 다음 글을 참조하라. "신성한(종교적, 도덕적, 인간적) 사랑으로 머릿속이 가득 찬 사람이면 누구든지 유령만을, 곧 '참된 인간'만을 사랑한다." 같은 책, 446쪽.

87) 좀 더 완전한 문장은 다음 글을 참조하라. "사랑은 내가 감정을 소유물인 양 내

심과 자기중심적 관심에 있을 때, 그리고 따라서 내 사랑의 대상이 참으로 내 대상이거나 내 소유일 때, 그때에만 나의 사랑은 내 자신의 것이다."[88] "나는 사랑이란 오래된 울림에 전념하고 나의 대상을 사랑한다." 따라서 **나의** '무언가'를 사랑한다.[89]

포이어바흐는 "나는 내가 마땅히 해야 할 일을 무(無)에 두었다."(Ich hab' mein' Sach' auf nichts gestellt)[90]라는 슈티르너의 말을 '**특**

소유로 보유하는 그런 감정이 아니라, 오히려 대상의 타자성을 통해, 정신을 빼앗긴 상태이다. 왜냐하면 종교적 사랑은 사랑하는 사람을 '거룩한 사람'으로 사랑하거나 거룩한 사람에 들러붙는 계율로 존재하기 때문이다. 자신에게 유용하지 않은 사랑한테는, 내 심장이 뛰어야 하는 **절대적으로 사랑스러운** 대상들, 예를 들어 동료 인간들, 혹은 부부, 친척 등등이 있다." 같은 책, 453-454쪽. 또한 다음도 보면 좋을 것이다. "사랑에 정신을 빼앗긴 상태는 대상의 넘겨줌에 혹은 대상의 타자성과 대상의 더 높은 권력에 대항하는 나의 무기력에 놓여있다." 같은 책, 455쪽.

88) 이 문장과 유사한 문장은 다음 글이다. "내 사랑의 중요성이 완전히 자기에게 유용하고 자기중심적 관심에 있을 때만, 내 사랑은 나 자신의 것이고, 그렇게 내 사랑의 대상이 참으로 **내** 대상이거나 내 소유이다." 같은 책, 455쪽.

89) 이 문장의 원문은 "Ich bleibe bei dem alten Klange der Liebe und liebe meinen Gegenstand, also mein 'Etwas'"이다. 이 문장과 유사한 문장은 다음 글이다. "그런 까닭에 나는 오래된 울림에 전념하고 나의 대상, 곧 나의——소유를 '사랑한다.'"(bleibe daher bei dem alten Klange und ≫liebe≪ meinen Gegenstand, **mein** - Eigentum), 같은 책, 456쪽.

90) 슈티르너가 괴테의 시 「헛되고, 헛되니, 헛되도다!(Vanitas! Vanitatum Vanitas)」에서 차용한 말(Ich hab' Mein Sach' auf Nichts gestellt.)로 자기 책을 시작하고 끝내는 것은 우연이 아니다. 독일어 'Sache'는 '대의(大義)'로 옮길 수 있다. '대의'는 '사람으로서 마땅히 행해야 할 큰 도리'라는 의미이다. 괴테의 시는 슈티

정한 무'로 만들고 이것으로부터 자기중심적 사람이 일종의 경건한[91] 무신론자라는 결론을 내린다. 그러나 특정한 무(無)는 하나님의 정의(定義)이다. 포이어바흐는 여기서 스챌리가가(《북독일 신문》, 33쪽에서) 포이어바흐 방식으로 고군분투하는 단어로 말장난을 한다. 게다가 포이어바흐는 『기독교의 본질』 31쪽에서 다음과 같이 말한다. "어떤 참된 무신론자는 신의 본질, 예를 들어 사랑, 지혜, 정의와 같은 속성을 무로 여기는 사람일 뿐이지, /188/ 이들 속성의 주어를 무로 여기는 사람이 아니다."[92] 특히 무가 무 대신에 슈티르너에게 무거운 짐을 지우지 않는다면, 슈티르너가

르너와 마찬가지로 자기자신 밖에서 대의를 찾는 일을 절망스러운 일로 다룬다. 돈, 섹스, 여행, 명성, 그리고 전쟁과 같은 수많은 활동에서 삶을 소비하면서도, 개인은 그것들의 그 어떤 것과도 일체감을 갖지 못한다. 그에게 모든 대의는 무(無)이다. 이러한 관점에서, 독일어 원문 "Ich hab' Mein' Sach' auf Nichts gestellt"은 "나는 내가 마땅히 해야 할 일을 무(無)에 두었다", 혹은 "나는 나의 대의를 무(無)에 두었다"로 옮길 수도 있다." 또한 "유일자 철학의 자기 통치, 자율성이란 측면을 잊지 않는다면, "Ich hab' Mein' Sach' auf Nichts gestellt"은 "그 무엇도 내가 마땅히 해야 할 일을 결정하지 않는다."라고 옮길 수 있다. 이 말을 다시 음미하면 "나만이 내가 해야 할 일을 결정한다."라고 옮길 수도 있다. "모든 것은 나에게 아무것도 아니다"(All things are nothing to me)가 아니라, 오히려 유일자는 마땅히 해야 할 일을 자신이 결정한다는 것이다. 모든 대의는 유일자에게 무이다." 박종성 옮김, 『유일자와 그의 소유』(부북스, 2023), 옮긴이 해제 중에서.

91) 경건한(fromm): 'fromm'은 '신앙이 깊은'이란 의미도 있다.

92) 루트비히 포이어바흐, 강대석 옮김, 『기독교의 본질』, 한길사, 2014, 86쪽. 필자가 조금 수정하여 옮겼다.

이 일을 달성하지 못하는가?

포이어바흐가 질문한다. "포이어바흐는 어떻게 (신의) 속성이 남도록 하는가?" 그리고 그는 대답한다. "조금도 이렇게 하나님의 속성으로 남도록 하는 것이 아니라, 본성과 인간다움이라는 속성으로—본성적, 인간적 성질로 남도록 한다. 그러한 속성들이 하나님에서 인간으로 옮겨질 때, 그것들은 즉시 신성함이라는 성격을 잃는다." 슈티르너는 이에 반대하여 다음과 같이 대답한다. 포이어바흐는 속성이 **이상**으로 존재하도록 한다.—그러니까 그는 유개념이라는 본질 규정으로 존재하도록 한다. 유개념이란 본질 규정에서 개인들은 '불완전한' 것이고 '유개념이라는 척도 속에서'만 '완전한 인간의 본질적 완성'으로서, 따라서 저마다 다른 사람들을 위한 이상으로서 완전하게 된다. 슈티르너가 개인들의 속성을 그들의 주체, 즉 하나님으로 옮기는 것이 아니라, 오히려 **인간다운 속성**으로 옮기는 한에 있어서, 개인들을 '하나님에서 **인간**으로 옮기는' 한에 있어서, 그는 개인들이 신성한 속성들로 계속 존재하도록 하지 않는다. 이제 슈티르너는 정확히 인간에 대한 공격을 지시한다. 그리고 포이어바흐는 완전히 다시 숨김없이 '인간'과 함께 돌아오고, 속성들이 단지 '인간다운' 것이 되거나 인간으로 옮겨진다면, 속성들은 즉시 완전히 '세속적이고 평범한' 것이 될 것이다. 그러나 인간의 속성은 전혀 신적 속성보다 더 평범하고 더 세속적이지 않다. 그리고 포이어바흐는 그가 정의하는 방식에서 '진정한 무신론자'가 되기에는 아직 멀었고, 그렇게 되기를 원하지도 않는다.

포이어바흐는 "근본적 착각은 주어로서의 하나님이다."라고 말한다. 그러나 슈티르너는 오히려 근본적 착각은 '본질의 완전성'이라는 관념이며, 이러한 '근본적 편견'을 온 힘을 다해 지지하는 포이어바흐가 정확히 진정한 기독교인이라는 사실을 밝혔다. /189/

슈티르너는 계속해서 "포이어바흐는 인간의 신성(神性)[93]이 신성이 **아니고**, 하나님이 하나님이 **아니라**, 오히려 인간의 본질만이 자신을 사랑하고, 자신을 긍정하며, 자신을 최고로 높게 평가한다."는 것을 밝혔다고 말한다. 그렇다면 이러한 '인간의 본질'[94]

---

93) 인간의 신성(神性: das Göttliche)은 영어본에서는 'the divine'이다. "인간의 신성(神性)은 신의 관심사이고, 인간다운 인간은 '인류' 관심사이다. 나의 관심사는 인간의 신성(神性)도 인간다운 인간도 아니다." 『유일자와 그의 소유』 12쪽[약간 교정했다]. 새로운 인본주의를 창조하려는 포이어바흐의 시도는 사실상 종교의 부활에 불과하다. 왜냐하면 그 일은 인간다운 인간을 인간의 신성으로 변화시키려는 의도이기 때문이다. 웰시는 『유일자와 그의 소유』의 의제는 "인간의 신성(神性)과 인간다운 인간의 체계적 파괴"라고 주장한다. John F. Welsh, *Max Stirner's dialectical egoism: a new interpretation*. Lexington Books, 2010, 33쪽.

94) "최고의 본질은 인간의 본질일 수도 있지만, 정확히는 단지 최고의 본질은 인간의 **본질**이지 인간 그 자신은 아니기 때문이다. 그래서 우리가 최고의 본질을 인간 외부에서 보고 그것을 '신'으로 인지하든, 아니면 인간 내부에서 발견하고 그것을 '인간의 본질' 혹은 '인간'이라고 부르든, 그것은 나와 무관한 일이다." 『유

은 누구인가? 슈티르너는 이 인간의 본질이 바로 인간이라고도 불리는 유령이라는 것을 보여주었고, 유일한 본질인 **그대**가 이 인간의 본질을 '자기긍정'에 붙임으로써 포이어바흐식으로 말하게 된다는 점을 보여주었다. 따라서 슈티르너가 제기한 논쟁점은 다시 완전히 회피되었다.

슈티르너는 계속하여 "포이어바흐 저작의 핵심 주제는 본질적 나와 비본질적 나의 분열,[95]──인간의 신격화, 다시 말해 머리부터 발끝까지 **완전한 인간**으로 인정하고 위치짓는 것을 폐지하는 것이다. **개인의 신격**(神格)은 산산히 부서진 종교의 비밀로서 마지막에 구체적으로 선언된 것이 아닌가?" '현대의 표어, 즉 인격, 개성이 무의미한 미사여구가 아닌 유일한 저작은 바로『기독교의 본질』이다.'[96] 하지만 '완전한 인간',[97] '개인, 인격, 개성이

일자와 그의 소유』, 54쪽.

95) "포이어바흐는 정신인 신을 '우리의 본질'이라고 부른다. '우리의 본질'이 **우리**와 대립하는 것, 그리고 우리가 본질적인 나와 비본질적인 나로 분리되는 것을 불평하지 않고 참을 수 있는가? 포이어바흐가 그렇게 주장해서 우리는 우리 자신에게서 쫓겨난 우리 자신을 봐야 하는 애처로운 불행으로 다시 돌아간 것이 아닌가?" 같은 책, 53쪽.

96) 이 큰따옴표 문장은『유일자와 그의 소유』에 있는 문장이 아니다. 따라서 슈티르너가 자신의 생각을 강조하고 있는 것으로 이해할 수 있다.『유일자와 그의 소유』에서 인용한 것이라는 주석이 없으면 이하의 이런 문장들을 이런 식으로 이해해야 할 것이다.

97) "그대는 하나의 완전한 인간, 하나의 자유로운 인간이어야만 한다." 같은 책,

무엇인지는' 다음과 같다. '개인은 포이어바흐에게 절대적 본질, 다시 말해 **진정한**, **현실적** 본질이다. 그러나 그는 왜 이러한 배타적 개인을 말하지 않는가?[98] 왜냐하면 그렇게 되면 자신이 부정하는——그 관점에서 자신이 원하는 것이 무엇인지 모르게 되고, 다시 종교적 관점으로 돌아가게 될 것이기 때문이다.'[99]——따라서 '완전한 인간'은 '구체적 인간'이 아니고, 평범한, 죄를 지은, 자기중심적 사람이 아니다. 물론 포이어바흐가 **이러한** 배타적 개 /190/ 인을 '절대적 본질'이라고 표현했다면, 그는 자신이 부정한 종교적 관점에 빠지게 될 것이다. 그러나 그가 **이러한** 개인에 대해 무언가를 말했기 때문에 그런 것이 아니라, 오히려 그가 그와 같은 개인을 종교적으로(절대적 본질) 묘사했거나 오히려 그와 같은 개인에 대해 종교적 속성을 적용했기 때문에, 둘째로 그가 나머지 모든 사람들에게 '개인'을 '신성하고, 불가침의 개인'

376쪽, "또 다른 나, 곧 참된 나는, 완전한 인간, 즉 정신으로 존재해야만 한다." 같은 책, 507쪽.

98) "지금 모든 사람은 자기자신 혹은 자신의 유일성에서 다른 사람보다 뛰어나다. 이 속에서 모두는 배타적으로 남는다." 같은 책, 321쪽, "그들 중 누구도 자신의 가치를 배타성 속에 놓는 것이 아니라, 결합성 속에, 그를 다른 사람과 결합하게 하는 '결합 관계', 곧 혈연, 국민, 인류라는 결합 관계 속에 놓는다." 같은 책, 377-378쪽.

99) 이 문장도 『유일자와 그의 소유』에 있는 문장이 아니다. 그래서 슈티르너가 자신의 생각을 강조하고 있는 것으로 이해할 수 있다.

으로서 '대립시키기' 때문에 그런 것이다. 따라서 위에서 인용한 말로 슈티르너에 대해서는 아무 말도 하지 않는다. 왜냐하면 슈티르너는 전혀 '신성한, 불가침의 개인'에 대해 말하지 않기 때문이고, '하나님이거나 하나님이 될 수 있는 배타적이고, 비교할 수 없는 개인'에 대해 전혀 이야기하지 않기 때문이다. '개인'이 '공산주의자'라는 것을 부정하는 일이 그[슈티르너]에게 생각나지 않는다. 사실 슈티르너는 '개인'과 '개별자'라는 말에 타당성을 붙여 주었다. 왜냐하면 그는 그 단어들을 '유일자'라는 표현으로 빠져들게 하기 때문이다. 그러나 그렇게 함으로써 슈티르너는 자신의 책 "나의 힘"[100]이라는 제목에서 명확하게 인지한 것을 230쪽에서 다음과 같이 말한다. "논의를 마침에 즈음하여, 내가 기꺼이 사용했던 어중간한 표현법을 여전히 철회해야만 한다."[101]

포이어바흐가 나중에 "나는 인간보다 그 이상이다."[102]라는 슈티르너의 말에 반대했을 때, 포이어바흐는 다음과 같이 질문을

---

100) 『유일자와 그의 소유』 제2부 2장 1절 제목이 '나의 힘'이다.

101) "이제, 결론으로, 내가 기꺼이 사용했던 어중간한 표현법을 여전히 철회해야만 한다." 같은 책, 325쪽. '이제, 결론으로'를 '논의를 마침에 즈음하여'로 교정했다.

102) "나는 인간이면서 동시에 인간보다 그 이상이기 때문이다. 나는 이러한, 나의 단순한 속성인 나(das Ich)이다." 같은 책, 276쪽.

던진다. "그대도 남성보다 그 이상인가?" 그러면 실제로 전체 남성의 입장을 포기해야만 한다. 그는 다음과 같이 계속 말한다. "그대의 본질은 무엇인가? 더 정확히 말하자면——비록 그가 본질이란 말을 사용하더라도, 자기중심적 사람은 본질이란 **언어**를 경멸하기 때문에——[슈티르너의 삽입문 시작] 아마도 슈티르너는 예를 들어 포이어바흐가 우리의 본질에 대해 말할 때, 마치 실제 /191/ 로 그대와 나에 대해 말하는 것처럼 보이는 곳에서, 반면에 그가 완전히 종속된 본질, 즉 그가 더 높고 더 고귀한 어떤 것으로 만드는 인간의 본질에 대해 말하고 있는 곳에서 본질이 가지고 있는 본질의 일구이언을 정화할 뿐이다. **그대**는——본질, 본질인 그대를 마음속에 두기는커녕, 오히려 그는 '그대의 본질'인 인간에 몰두하고 항상 그대 대신 인간을 마음속에 두고 있다. 예를 들어 슈티르너가 45쪽에서 '본질(Wesen)'이라는 단어를 사용하여 다음과 같이 말한다. "**그대의** 본질과 함께 있는 그대 자신이 나에게 가치가 있다. 왜냐하면 그대의 본질은 그대보다 더 높은 본질이 아니며, 그대보다 더 높은 본질이거나 더 보편적 본질이 아니기 때문이다. 그대의 본질은 그대 자신처럼 독특하다. 왜냐하면 그대의 본질이 그대이기 때문이다."[103] [슈티르너의 삽입문 마지막]

---

103) "그대의 신성하게 된 육체의 더 높은 본질을 위해 일어난 것이 아니다. (······)

──그대의 나(Ich)가 **남자다운** 나가 아닌가? 그대는 마음이라고 부르는 것에서 남성다움을 분리할 수 있는가? 인체에 가장 신성한, 가장 고귀한 기관(器官)인 그대의 뇌가 확실히 남성답지 않는가? 그대의 감정, 그대의 생각이 남자답지 않은가? 그러나 그대는 단지 **수컷 동물**이고, 개이며, 원숭이, 수컷 말인가? 그대의 유일한, 비교할 수 없는 나, 그 결과 그대의 성(性)이 없는 나는 낡은 기독교적 초자연주의의 소화되기 어려운 잔여물 이외에 무엇이란 말인가?"

그대는 살아 있는 본질 혹은 **동물보다 그 이상**이다라고 슈티르너가 말했다면, 이 말은 그대는 **여전히 동물**이지만, 동물성이 현재의 그대를 충분히 자세하게 설명하여 말하지 못한다는 것을 의미한다.[104] 같은 방식으로 그는 말한다. '그대는 인간보다 그 이

그대의 본질과 함께 있는 그대 자신이 나에게 가치가 있다. 왜냐하면 그대의 본질은 그대보다 더 높은 본질이 아니며, 그대보다 더 높은 본질이거나 더 보편적 본질이 아니기 때문이다. 그대의 본질은 그대 자신처럼 독특하다. 왜냐하면 그대의 본질이 그대이기 때문이다."['존재'를 '본질'로 교정했다.] 같은 책, 68-69쪽.

104) '충분히 자세하게 설명하여 말하지(erschöpft)'라는 말과 그 다음 구절인 '그대를 자세하게 설명하여 말로(erschöpfend) 표현하지(ausdrücken) 못한다.'에 주목하면서 다음을 참조하라. "그러나 만약 신다운 정신이 우리를 지치게 하지 않는다면, 인간다운 정신은 우리가 무엇인지를 어떻게 온전히 표현하겠는가?"라는 문장을 "그러나 만약 신다운 정신이 우리를 충분히 자세하게 말하여 표현하지(erschöpfte) 못한다면, 인간다운 정신은 우리가 무엇인지를 어떻게 온전히

상이며, 따라서 그대는 **또한** 인간이다.[105] 그대는 남자보다 그 이상이다. 그러나 그대는 **역시** 남자이다. 하지만 인간다움과 남자다움[106]은 그대를 자세하게 설명하여 말로 표현하지 못한다. 그러므로 누군가가 '참된 인간다움' 혹은 '참된 남자다움'으로써 그대를 훈계하는 모든 것은 그대에게 중요하지 않다. 그러나 그대는 고문당할 수 있고 이러한 요구가 많은 임무로 그대 자신을 고문할 수 있었다. 오늘도 여전히, 신성한 사람들이 그러한 임무로 그대를 붙잡으려 생각한다.' 포이어바흐가 확실히 /192/ 단순한 동물의 수컷은 아니지만, 그렇다면 그는 인간다운 남성에 불과한가? 그가 자신의 『기독교의 본질』을 남성으로서 저술했는가? 그리고 그는 이 책을 쓰기 위해 남성으로 존재하는 것 이외에 아무것도 요구하지 않았는가? 반대로 책을 쓰기 위해 **유일한** 포이어바흐가 필요하지 않았는가? 그리고 예를 들어——여전히 남성인 또 다른 프리드리히 포이어바흐가——그 일을 훌륭히 해 낼 수 있었는가? 그가 **이러한** 유일한 포이어바흐이기 때

표현하겠는가(ausdrücken)?"로 교정했다. 같은 책, 271쪽. 여기서도 같은 단어를 사용하여 자신의 주장을 표현하고 있다.

105) "그대는 그대가 완전히 다른 인간, 더 가치 있고, 더 높고, 더 위대한 인간, 다른 인간보다 그 이상인 인간을 드러낸다." 같은 책, 209쪽.

106) "인간이라는 것은 남자다움 혹은 여자다움처럼, 나의 속성(소유)과 같은 어떤 것일 뿐이다." 같은 책, 281쪽.

문에, 그는 말할 것도 없이 동시에 남성이고, 인간이며, 살아 있는 본질이고, 프랑크인 등등이다. 하지만 그는 이 모든 것보다 그 이상이다. 왜냐하면 이러한 속성들은 그의 유일성을 통해서만 실재성을 가지기 때문이다. 그는 유일한 남성이고, 유일한 인간, 등등이다. 실제로 그는 비교할 수 없는 남성이고, 비교할 수 없는 인간이다.[107]

그렇다면 포이어바흐는 "그 결과로서 성(性)이 없는 나(Ich)"로 무엇을 원하는가? 포이어바흐가 남성보다 그 이상이기 때문에, "그 결과로서" 성이 없는가? 포이어바흐의 가장 신성하고, 가장 고상한 기관(器官)은 의심할 여지 없이 남성다운 나, 확실히 남성다움이고, 그중에서도 또한 백인, 독일인 등등이다. 그러나 이 모든 것은 사실일 뿐이다. 왜냐하면 그 모든 것은 세상이 아무리 '기관들', 그러한 기관들 혹은 완전무결한 기관들로 가득 차더라도, 두 번 다시 세상에 나오지 않을 유일한 것, 특정한, 유일한 것이며, 기관 혹은 뇌이기 때문이다.

그리고 이러한 유일한 포이어바흐가 "낡은 기독교적 초자연

---

107) "확실히 나는 남들과 **비슷한 점**이 있다. 하지만 그것은 견주어 보거나 돌이켜 보는 경우에만 해당한다. 실제로 나는 비교할 수 없는 존재이며, 유일한 사람이다." 같은 책, 218쪽.

주의의 소화되기 어려운 잔여물"[108]이라고 해야 하는가?

이것으로부터 포이어바흐가 정확히 유일자를 "성이 없는" 것으로 묘사하듯이, 슈티르너가 유일자를 개성이 없는 것으로 /193/ 잘못 묘사하지 않았다면, 꼭 포이어바흐가 《비간트의 계간지 (Wigand's Vierteljahrsschrift)》 200쪽에서 행한 논박이 무너지는 것처럼, 포이어바흐가 말한 것처럼 "생각 속의 '그의 나'를 그의 감각적, 남성다운 본질에서 분리"하지 않는다는 것도 아주 분명하다.

'유개념을 실현하는 것은 일반적으로 인간의 본성을 실현하기 위한 설계, 능력, 규정을 의미한다.'──오히려 유개념은 이미 그러한 설계를 통해 현실화한다. 이에 반하여 그대가 그러한 설계를 만드는 것, 그것이 그대 자신의 실현이다. 그대의 손은 유개념의 목적을 위해 완전히 실현되었다. 그렇지 않으면 그대의 손은 손이 아니라, 오히려 발일 것이다. 하지만 그대가 그대의 손을 연마할 때, 그대는 그대의 손을 유개념의 목적을 위해 완전하게 하는 것이 아니고, 그대는 이미 실재하고 완전한 유개념을 실현하지 못한다. 왜냐하면 그대의 '손'이 '손'이라는 유개념 혹은 유라는 개념을 함축하고 그러므로 그대의 손이 완전한 손이기 때문이다. 그러나 그대는 그대의 손을 그대가 원하는 대로 만들

---

108) 슈티르너는 앞서 포이어바흐의 말을 인용하여 반박하고 있다.

고 만들 수 있다. 그러니까 그대는 그대의 손으로 그대의 의지를 형성하고 그대의 힘을 만든다. 다시 말해 그대는 유개념인 손을 그대의 유일한, 그대 자신의 그리고 그대의 고유한 손으로 만든다.

"좋은 것은 인간에게 적합한 것이고, 어울리는 것이다. 그러니까 나쁜 것, 비난해야 하는 것은 인간에게 모순되는 것이다. 따라서 예를 들어 결혼과 같은 윤리적 관계는 그 관계 자체를 위해 신성한 것이 아니라, 인간을 위해서만 신성한 것이다. 왜냐하면 그런 관계는 인간들 사이의 관계이기 때문이다.──그러므로 그런 관계는 인간의 본질이라는 자기긍정, 자기만족이다." 그러나 이러한 윤리적 관계가 **자신**에게 적합하다고 생각하지 않는 인간답지 않은 인간이라면 어떨까? 포이어바흐는 그런 관계가 인간에게 적합하며, "현실적, 감각적, 개인적, 인간적 본질"에 적합하므로 그런 관계는 그에게도 적합해야만 한다는 것을 분명하게 드러낼 것이다. 이러한 표명은 매우 철저하고 실천적이어서 이미 수천 년 동안 감옥을 '인간답지 않은 인간'으로, 다시 말해 그럼에도 불구하고 '인간의 본질'에 적합했던 것이 **자신들에게** 적합하지 않는 사람들로 가득 채웠다.

/194/

물론 포이어바흐는 유물론자가 아니다.(슈티르너는 포이어바흐가 그렇다고 말하지 않고 관념론의 속성을 지닌 그의 유물론에 대해서

116

만 말한다) 그러니까 그는 유물론자가 아니다. 왜냐하면 그는 현실적 인간에 대해 말하고 있다고 상상하지만, 현실적 인간에 대해 아무 말도 하지 않기 때문이다. 그는 관념론자도 아니다. 왜냐하면 그는 항상 인간의 본질, 이념에 대해 말하지만, 그가 말하고 있는 것은 '감각적 인간의 본질'이라고 주장하기 때문이다. 그는 관념론자도 유물론자도 아니라고 주장하는데, 나는 그러한 주장을 인정할 것이다. 그러나 나는 또한 그가 그 자신이 되고자 하는 것을 허락할 것이고, 결국에 그는 다음과 같이 자처할 것이다. 말하자면 그는 '공동체적 인간, 공산주의자'이다. 예를 들어 347쪽[109]에서 슈티르너는 이미 그를 그렇게 보았다.[110]

단지 중요한 것은 다음과 같은 슈티르너의 주장일 것이다, 즉 꼭 카드가 카드로 세운 집의 본질이 아닌 것처럼, 인간의 본질은 포이어바흐의 본질 혹은 슈티르너의 본질 혹은 그 어떤 사람의 본질이 아니라는 슈티르너의 주장 말이다.[111] 포이어바흐는 이

---

109) 이 쪽수는 독일어본 쪽수이다.

110) "왜냐하면 포이어바흐가 올바로 말한 것처럼, 비록 그 말을 올바르게 의미하지 않았을지라도, 사랑은 인간의 본질, 다시 말해 사회의 본질 혹은 사회적(공산주의적) 인간의 본질이다. (……) 공산주의에서는—'평등'의 확립을 위해 모든 것이 **공동의 것**(gemeinschaftlich)이 되어야만 하기 때문이다." 『유일자와 그의 소유』, 481쪽.

111) "최고의 본질은 인간의 본질일 수도 있지만, 정확히는 단지 최고의 본질은 인

지점에서 맴돌았지만 실제로는 전혀 이해하지 못한다. 그는 유개념과 개체, 나와 그대, 인간과 인간의 본질이라는 자신의 범주들에 완전히 만족해 떠나지 않고 있다.

간의 **본질**이지 인간 그 자신은 아니기 때문이다." 같은 책, 54쪽.

헤스

헤스는 그의 소책자 『최후의 철학자들』[112]에서 "그의 배후에 있는 독일 철학의 역사적 발전"을 담고 있다. 그러나 헤스 앞에 "삶과 분리된 '철학자' 포이어바흐, 브루노 바우어 및 슈티르너의 발전"이 있었고 삶에서 완전히 분리되지 않은 자기자신의 발 /195/ 전을 통해 "이러한 철학자들의 발전이 무의미함으로 변해야 한다"는 것을 알고 있다. 하지만 삶과 분리된 발전이 '무의미함'이 아닌가? 그리고 삶과 분리되지 않은 발전도 마찬가지로 '무의미

---

112) 슈티르너의 포이어바흐 비판을 받아들인 헤스의 저작은 자기중심성을 시민사회의 개인의 이상화, 유적 협동의 수단화라고 하여 개인들의 사회적 도야 형성에 의한 상호 존재의 자각 필요성을 이야기한다. 또한 그의 「독일에서의 사회주의」(집필 1844년, 발표 1845년 5월)에서, 포이어바흐의 유적 존재는 인간의 본질을 신비화하고 있는데, 그것을 '개인들의 협동'으로서 보다 상세하고 구체적으로 규정하고자 한다.

함'이 아닌가? 그럴리가 있나, 이러한 철학자들의 발전은 의미가 있다. 왜냐하면 이러한 철학자들의 발전은 철학자 밑에는 언제나 삶에 대해 아무것도 이해하지 못하는 사람이 있다고 상상하는 군중의 뜻[113]을 칭찬하기 때문이다.

헤스는 다음과 같이 시작한다. "천문학자가 태양계를 이해했다고 주장하는 사람은 아무도 없다. 그러나 우리의 최후의 독일 철학자에 따르면, 자연과 역사를 이해한 개별 인간은 유개념, 총체이어야 한다." 그러나 유개념, 총체가 아무에게도 퍼득 떠오르지 않는다면, 어떻게 될까? 개별 인간이 자연과 역사를 '이해했기' 때문에 개별 인간이 유개념이라고 말한 사람이 도대체 누구였는가? 헤스가 그렇게 말했고 그 외에 다른 사람은 아무도 말하지 않았다. 그는 심지어 여기에서 슈티르너를 참고하여 인용한다. "개인이 자연계의 전체이듯, 개인 역시 유개념의 전체이다."[114] 그러나 슈티르너가 개인이 유개념의 전체이기 위해서 먼저 개인을 이해해야 한다고 말했을까? 오히려 헤스라는 개인이 실제로 '인간'이란 유개념의 전체이고, 피부와 머리카락[115]이 슈

---

113) 슈티르너는 무의미함(Unsinn), 의미(Sinn), 군중의 뜻(Sinne)으로 표현하여 자기 주장을 한다.

114) 『유일자와 그의 소유』, 284쪽.

115) "자 이제, 무조건 뼈와 살을 갖춘 인간을 좋아한다는 그 일은 더 이상 '정신이

티르너 진술의 증인으로 봉사할 수 있다. 헤스가 완전한 인간이 아니었다면, 그는 도대체 무엇이겠는가? 헤스가 인간 존재로서 가장 작은 것조차 결여되어 있다면, 그는 도대체 무엇이겠는가? 그는 인간을 제외하고 무엇이든 될 수 있다.——그러니까 그는 어떤 천사처럼 착한 사람, 어떤 짐승 같은 놈 혹은 어떤 인간과 닮은 모습일 수 있다. 하지만 그가 완전한 인간이어야만, 인간일 수 있다. 인간은 헤스보다 더 완벽할 수 없으며,——헤스보다 더 완전한 인간도 없다. 헤스는 완전한 인간이다. 혹은 최상급을 사 /196/ 용하길 원한다면, 헤스는 가장 완전한 인간이다.——인간에 속하는 모든 것이 헤스 속에 있다. 헤스에는 인간을 인간으로 만드는 가장 작은 부분조차 빠져 있지 않다. 물론 모든 거위, 모든 개, 모든 말의 경우도 마찬가지이다.

그렇다면 헤스보다 더 완전한 인간은 없을까? 인간으로서는 ——아무도 없다. 인간으로서의 헤스는——모든 인간과 마찬가지로 완전하다. 그리고 인간이란 유개념은 헤스가 포함하지 않는 어떤 것도 포함하고 있지 않다. 그러니까 헤스는 자기자신과 함

깃든' 따듯한 마음이 아닐 것이다. 그리고 그 일은"이라는 문장을 "피부와 머리카락(Haut und Haaren)을 지닌 뼈와 살을 갖춘 인간을 사랑한다는 것, 글쎄, 그 일은 더 이상 '정신이 깃든' 따듯한 마음이 아닐 것이다. 그러니까 그 일은"로 교정했다. 같은 책, 44쪽.

께 도처에 인간이란 유개념을 지니고 다닌다.

여기에 완전히 다른 상황이 있다. 즉 헤스는 인간일 뿐만 아니라, 완전히 **유일한** 인간이기도 하다. 그럼에도 이러한 유일성은 인간에게 결코 도움이 되지 않는다. 왜냐하면 인간은 지금보다 더 완벽해질 수 없기 때문이다.──우리는 이 일에 대해 더 이상 이야기하고 싶지 않다. 위에서 말한 것은 헤스가 '이해된 태양계'만으로 슈티르너가 '무의미함'의 죄를 지었다는 것을 얼마나 분명히 발견할 수 있는지를 보여주기에 충분하기 때문이다. 헤스는 자신의 소책자 11쪽에서 더 명확한 방식으로 슈티르너의 '무의미함'을 폭로하고 다음과 같이 만족스럽게 외친다. "이것이 새로운 지혜의 논리구나!"

사회주의자의 역사적 직관으로서 기독교 발전에 대한 헤스의 설명은 여기서 중요하지 않다. 그러니까 포이어바흐와 브루노 바우어에 대한 헤스의 성격 묘사는 완전히 '철학을 내버린' 사람에게서 나와야 할 종류이다.

그는 사회주의에 대해 다음과 같이 말한다. "사회주의는 철학의 실현과 부정을 진지하게 수행하며, 그것뿐 아니라 철학을 사회적 삶에서 부정하고 실현하기 위한 단순한 도제라고 말한다" 그는 또한 사회주의가 철학뿐만 아니라 종교와 기독교 또한 '실현'하기를 원한다고 덧붙일 수 있었을 것이다. 헤스처럼 삶, 특

/197/

122

귀스타브 도레 그림, 「방황하는 유대인」(1860년대).

히 삶의 비참함을 안다면, 그러한 일보다 더 쉬운 일은 없다. 제조업자 하르디(Hardy)가 "방황하는 유대인"[116]에서 비참에 빠질 때, 그는 예수의 가르침에 완전히 열려 있는데, 특히 그가 '인간적' 사제 가브리엘(Gabriel)[117]로부터 '인간적'이고 알랑거리는 형태로 모든 동일한 가르침을 들을 때, 그렇다. 가브리엘의 교훈이 로댕(Rodin)[118]의 교훈보다 더 파멸의 근원이 된다.

헤스는 슈티르너의 책 286쪽의 한 구절을 인용하고, 이로부터 슈티르너는 전혀 "자기중심성이 결여된 의식을 제외하고, 실제

---

116) 방황하는 유대인 전설이 제대로 쓰인 최초의 기록은 웬도버의 로저가 쓴 것을 기초로 하는 『역사의 꽃(*Flores Historiarum*)』이라는 서적인데, 이야기의 배경은 1228년경으로 추정한다고 한다. 1228년 영국을 방문한 아르메니아의 대주교가 세인트올번스 수도원에서 한 이야기인데, 카르타필루스라는 유대인 구두장이가 십자가를 끌고 가는 예수에게 '얼른 꺼져라, 왜 여기서 쉬고 있냐?'고 폭언을 퍼부었고, 예수님이 '나는 이렇게 서서 쉬지만, 너는 최후의 날까지 계속 가야 하리라(쉬지 못하리라)'고 저주하는 바람에 죽지 못하고 영원히 떠돌게 되었다고 한다. 카르타필루스는 이후 그리스도교로 개종하여 세계를 떠돌면서 자신의 이야기를 전하게 된다. 1228년이라는 기록을 시작으로, 같은 이야기가 13세기에 유럽 여기저기에서 대주교가 방문해서 전했다는 식으로 발견된다. 그리고 그 이야기가 다시 변형되어 여기저기서 통용된다. 하지만 큰 줄거리는 비슷하다.

117) '하나님의 사람, 영웅, 힘'이라는 뜻으로, 유대교와 그리스도교, 이슬람교 등 아브라함 계통의 종교들에서 주로 하나님의 전령(傳令)으로 전해지는 대천사이다.

118) 프랑수아 오귀스트 르네 로댕(프랑스어: François-Auguste-René Rodin, 1840-1917)은 프랑스의 조각가이다. 근대 조각의 시조이며, 근대 조각 사상 가장 위대한 조각가이다.

로 존재하는 자기중심성을 반대하지" 않는다고 추론한다. 그러나 슈티르너는 헤스가 말한 것처럼 "오늘날의 자기중심적 사람들의 모든 오류는 자신들의 자기중심성을 의식하지 못하는 데 있다"라고 전혀 말하지 않는다. 인용된 구절에서 슈티르너는 다음과 같이 말한다. "그런 일에 대한 **의식**만이 존재한다면"[119] 어떤 의식인가? 자기중심성에 대한 의식이 아니라, 소유가 결코 죄가 아니라는 의식이다.[120] 그리고 슈티르너의 말을 왜곡한 후, 헤스는 소책자의 후반부 전체를 '의식적 자기중심성'에 반대하는 투쟁에 할애한다. 슈티르너는 헤스가 인용한 구절의 중간에서 다음과 같이 말한다. "사람들이 알아야만 하는 것은 바로 다음과 같은 것이다. 소유하려는 방법이 경멸스러운 것이 아니라, 의견이 같은 자기중심적 사람들이 **서로 동의하여** 자신을 표현하는 분명한 행위라는 것이다."[121] 헤스는 이 구절을 생략한다. 왜냐하면 헤스는 마르크스가 이미 쩨쩨한 사람의 권리와 보편적 권리에 대해 말했던 것(예를 들어 「독일-프랑스 연보(Deutsch-Französischen

---

119) "그런 일에 대한 **인식**만이 존재한다면, 새롭게 해야 할 일은 전혀 필요하지 않다", 『유일자와 그의 소유』, 398쪽.

120) "소유하려는 방법이 경멸스러운 것이 아니라", 같은 책, 398쪽.

121) 같은 책, 398쪽. "어떤 자기중심적 사람이 함께 획득하려고 동의한 명확한 행위를 표명하는 것이다."라는 문장을 "의견이 같은 자기중심적 사람들이 **서로 동의하여** 자신을 표현하는 분명한 행위라는 것이다."로 교정했다.

Jahrbüchern)」)[122]보다 더 자기중심적 사람이 **서로 동의하는** 것에 대

해 더 이상 이해하지 못하기 때문이다. 그러니까 헤스는 이 일을 반복하지만, 그의 선배[123]의 날카로운 노련함에 전혀 도달하지 못한다.──슈티르너의 '의식적 자기중심적 사람'[124]은 죄의식도 아니고, 법의식도 아니며, 보편적 인간의 권리에 대한 의식도 아니다.

혜스는 다음과 같은 방식으로 슈티르너를 처리한다. "아니야, 그대 조숙한 아이야,[125] 나는 향유하기 위해 창조하고 사랑하는 것이 전혀 아니다. 오히려 나는 사랑으로 사랑한다. 나는 창조자의 욕망으로 창조하고, 생활 본능으로, 즉각적 본능(Naturtrieb)으로 창조한다. 내가 향유하기 위해서 사랑할 때, 그때에 나는 사랑하지 않을 뿐만 아니라, 향유하지도 않는 것이다. 등등." 그러

---

122) 루게와 마르크스가 파리에서 1844년에 출판한 잡지.

123) 슈티르너를 가리키는 것으로 보인다. 마르크스가 아닌 이유는, 마르크스는 1818년생이고 헤스는 1812년생이기 때문이다. 슈티르너는 1806년생이다.

124) 『유일자와 그의 소유』, 80쪽, 259쪽 참조.

125) '조숙한 아이'에 대한 슈티르너의 이해를 직접 들어보자! "더 나은 것에 대해 의견을 말한다면──조숙한(altklug) 아이보다 뻔뻔한(ungezog) 아이가 더 나은 것이고, 모든 일에 고분고분한(willig) 사람보다 고집 센(widerwillig) 사람이 더 나은 것이다. 뻔뻔한 사람과 고집 센 사람(Der Ungezogene und Widerwillige)은 여전히 자기자신을 자기자신의 의지에 따라 형성해 가는 과정에 있다. 그러나 조숙한 사람과 고분고분한 사람(der Altkluge und Willige)은 '유개념', 보편적 요구 사항 등등에 의해 규정된 사람이다." 같은 책, 283쪽.

나 슈티르너는 어디에서나 그러한 사소한 일에 이의를 제기하는가? 헤스는 슈티르너를 '조숙한 아이'라고 부를 수 있도록 오히려 '무의미함'을 슈티르너에게 돌리지 않는가? 달리 말해, '조숙한 아이'는 헤스가 내리는 최후의 심판이며, 그는 그것을 결론에서 반복한다. 그런 최후의 심판을 통해 그는 "**그의 배후에 있는 독일 철학의 역사적 발전**"[126]에 다다른다.

헤스는 14쪽에서 "유개념이 개인, 가족, 종족, 민족, 인종으로 산산이 흩어지게 하는" 것을 허용한다. 헤스는 이러한 산산이 흩어짐을 다음과 같이 말한다. "이러한 소외가 유개념이 존재하는 첫 번째 형태이다. 유개념이 존재하기 위해, 유개념 자체를 개별화해야 한다." 이로부터 유개념이 '해야' 하는 모든 것을 헤스만이 알고 있다. "유개념의 존재 형태, 유개념의 소외, 유개념의 자기 개별화"는 그가 **그의 배후에** 두었던 철학에서 이 모든 것을 얻는다. 그리고 게다가 그는 그 모든 것을 끝내기 위해, 예를 들어 포이어바흐에게서 그 모든 것을 '강탈하고(raubt)' 동시에 그것들 안에 있는 실제로 철학인 모든 것을 '살인하는(mordet)' 한, 그가 곧잘 둘러대기 좋아했던 '살인을 동반한 강도(Raubmord)'를 저지른다. 그는 '유개념의 소외'라는 화려한 문구가 '무의미함'이라 /199/

---

126) 여기서도 슈티르너는 헤스의 말을 다시 인용하면서 헤스를 반박하고 있다.

는 것을 정확히 슈티르너에게서 배울 수 있었을 것이다. 하지만 물론 사회주의자의 살인을 동반한 강도를 이용하여 자신의 배후에 두었던 철학에서가 아니라면, 그는 슈티르너를 상대할 무기를 어디서 구해야 했을까?

헤스는 "슈티르너의 이상은 국가 그 자체를 취하는 부르주아 사회이다"라는 발견으로 자기 책의 제2부를 마무리한다. 헤겔은 부르주아 사회에는 자기중심성이 자리 잡고 있음을 보여주었다.[127] 이제 헤겔 철학을 배후에 두고 있는 사람 누구나, 자신의 배후에 있는 이러한 철학으로부터, 자기중심성을 '권장하는' 누구든지 부르주아 사회에서 자신의 이상을 가지고 있다는 사실을 알고 있다. 그는 나중에 부르주아 사회에 대해 상세하게 말할 기회를 가질 것이다. 그 경우에 가족이 자기에게 유용하지 않은 장

---

127) 슈티르너는 헤겔이 인간의 신성(神性)보다 인간다운 인간을 높이 평가하는 것에서 자기중심성을 옹호하는 논증을 발견했다. "인간의 정신을 전능한 신령(神靈)으로 고양시키고자 했으며, 어느 누구도 자기자신 밖에서나 자기자신을 넘어서 구원(salvation)을 구할 필요가 없고, 오히려 각자가 자기자신의 구원자요 구조자라는 가르침을 제자들에게 각인시킨 헤겔은 결코 이른바 '작은 전쟁'을 이끌고 그 요새에서 천 배의 형태로 개인을 해방시키는 자기중심성을 난도질하는 것을 자신의 특별한 관심사로 삼은 적이 없다." 슈티르너, "나팔(Trumpet)", 9쪽. 이 슈티르너의 소론은 Max Stirner, *On Bruno Bauer's Trumpet of Last Judgment*, Nonserviam 24(2010), pp. 7-14라는 제목으로 영어로 출판되었다. John F. Welsh의 *Max Stirner's Dialectical Egoism: A New Interpretation*(LEXINGTON BOOKS, 2010) 12쪽에서 재인용함.

소인 것처럼 가족은 더 이상 자기중심성의 장소가 아닌 것으로 보일 것이다. 오히려 부르주아 사회의 의식은 **상업의 삶**, 즉——오늘날 항상 발생하는 성자들의 신성한 형태로 추구할 수 있는 삶과 마찬가지로,——지금은 은밀하게 행동하는 소수의 활동에서만 발생하는 자기중심적 사람들도 자기중심적 형태로 추구할 수 있는 삶이다. 부르주아 사회는 슈티르너에게 전혀 소중하지 않고, 국가와 가족을 집어삼킬 정도로 부르주아 사회를 확장할 생각도 없다. 따라서 헤스는 슈티르너가 헤겔적 범주들을 통해 자신에게 왔기 때문에 슈티르너를 그와 같이 의심할 수 있었다.

자기에게 유용하지 않은 헤스는 가난한 베를린 사람들이 라인강, 헤스와 그곳의 사회주의자들, 그리고 또한 프랑스로부터 자신들의 지혜를 얻는다는 점을 반복해서 언급함으로써 특정한, 유익한 그리고 이익이 있는 표현 방법에 익숙해졌지만, 불행하게도 어리석음으로 인해 이 아름다운 일들이 파멸을 초래했다. 예를 들어 그는 다음과 같이 말한다. "최근에, **우리들 중에 뼈** /200/ **와 살을 갖춘** 개인에 대한 이야기가 있다. 그러니까 현실적 인간, 이념의 실현에 대한 이야기 말이다. 이러한 소식이 베를린에 전해졌고 거기에서 철학적 머리에서 자신의 행복을 일깨웠다면, 그 일은 우리에게 놀라운 일이 아니다. 철학적 머리는 대의를 **철**

학적으로 이해해 왔다."——우리는 당연히 우리에게 합당한 명성을 퍼뜨리기 위해 이것을 너무 많이 언급해야 했다. 그러니까 우리는 '최근'은 아니지만 이미 《라인 신문》에서 현실적 인간과 그와 유사한 '이야기'가 오로지 《라인 신문》의 통신원에 의해서만 많이 **언급되었다고** 덧붙인다.[128]

그 직후, 헤스는 "철학자들이 생각할 수 있는 실제적, 살아 있는 인간이 의미하는 바를 만들고자" 했다. 그는 실제적, 살아 있는 인간을 **생각할 수 있게** 만들고 싶었기 때문에, **자신의 현실적 인간이 개념**이므로 현실적 인간이 아님을 드러낸다. 오히려 헤스 자신이 현실적 인간이다. 그러나 라인강("우리들 중에")에서 사람들이 현실적 인간에 대해 충분히 **이야기하기** 때문에, 우리는 그에게 그의 현실적 인간에 대한 **의미**를 선사하고 싶다.

슈티르너는 다음과 같이 말한다. "그대가 **신성한 것을 먹어 치운다면**, 그것을 네 **자신의 것으로** 만든 것이구나! 성체(聖體)를 삼켜 소화해버려라, 그러면 그대는 성체에서 해방될 것이구나!"[129] 헤스가 대답한다. "마치 우리의 신성한 소유를 오랫동안 먹어 치

---

128) 헤스는 1841년부터 《라인 신문》 발행 준비에 참여하며, 신문이 발행된 후에는 사실상 편집 주간을 맡았다. 1842년 10월부터 마르크스가 《라인 신문》의 편집 주간이 된 후에 헤스는 이 신문의 통신원으로서 파리로 갔다.

129) 『유일자와 그의 소유』, 106쪽.

우지 않은 것처럼!" 물론, 우리는 소유를 신성한 것, **신성한** 소유로 소비했다. 하지만 우리는 소유의 신성함을 소비하지 못한다. 슈티르너가 말한다. "그대가 **신성한 것을 먹어 치운다면**(헤스는 또한 번 매우 정확하지 않게 인용하고 '신성한 것'이라고 말하지 않고 '신성한 소유'라고 말한다), 그것을 네 **자신의 것**으로 만든 것이구나!", 다시 말해 신성한 것이 그대에게 시시한 것(예를 들어 쓰레기)이고, 시시한 것을 내던져 버릴 수 있다. "이성과 사랑은 일반적으 /201/ 로 실재가 없다."라고 헤스가 슈티르너에게 말한다. 그러나 슈티르너는 **나의 이성, 나의** 사랑에 대해 말하지 않는가? 나에게 그것들은 실재하고, 그것들은 '실재'를 가지고 있다.

"우리는 우리의 본질, 우리의 속성을 안에서 밖으로 발전시킬 수 없다."라고 슈티르너는 말해야 한다. 물론 그대는 그대의 본질을 발전시킬 수 있다. 하지만 '우리의 본질',[130] 곧 '인간의 본질'은 책의 제1부 전체에서 다루는 또 다른 일이다.[131] 어쨌든, 다시 헤스는 그대의 본질과 우리의 본질을 구분하지 않는데, 그렇게 함으로써 그는 포이어바흐를 따른다.

슈티르너가 사회주의의 기원들만을 알고 있다는 비난을 받

---

130) 같은 책, 53쪽, 549쪽, '인간의 본질'은 53쪽에 처음 등장하고 이후에 수없이 등장한다.
131) 『유일자와 그의 소유』, 제1부 제목이 '인간'이다.

고 있으며, 기원들도 소문을 통해서만 알고 있다고 비난을 받았다. 그렇지 않다면 그는, 예를 들어 정치적 영역에서 공산주의가 이미 꽤 오랜 시간 동안 자기중심성(intérêt personnel)과 인본주의(dévouement)[132]라는 두 극단으로 나누어져 있다는 사실을 알아야만 할 것이다. 설사 헤스가 사회주의를 더 잘 꿰뚫어 보았을지라도, 이러한 대조는 사회주의에 대해 슈티르너보다 천 가지는 더 알고 있을지도 모르는 헤스에게 중요한 것이다. 슈티르너에게 이러한 대조는 중요하지 않은 것이었고, 자기중심성에 대한 슈티르너의 생각이 헤스의 생각만큼 완전히 불분명한 경우에만 슈티르너에게 중요해 보였을 것이다.

잠시 덧붙여 말하자면, 슈티르너가 "사회에 대해 아무것도 모

132) 프랑스어로 각각 '개인의 관심(intérêt personnel)'과 '헌신(dévouement)'으로 옮길 수 있다. 슈티르너는 여기서 다시 'Egoismus'과 같은 의미로 괄호 안에 '개인의 관심'이라고 썼다. 따라서 'Egoismus'는 '이기주의'가 아니라 '자기중심성'으로 옮겨야 함이 분명해 진다. 또한 인본주의와 같은 의미로 괄호 안에 '헌신'을 썼다. 따라서 인본주의는 새로운 개인의 지배이자 '헌신'의 대상인 '인간다움'을 주장한다고 이해할 수 있다. 한 가지 더 '자기중심성'으로 옮겨야 하는 이유에 대해 슈티르너의 말을 직접 들어보는 것이 좋을 것이다. "자기관심이 자기중심성의 토대를 형성한다. 그러나 유일자처럼 자기관심은 동일한 방식으로 단순한 이름, 내용이 없는 개념이고 개념적 발전이 전혀 없는 것이 아닌가? 반대자들은 자기관심과 자기중심성을 일종의 '원리'로 본다. 이러한 견해는 반대자들이 자기관심을 **절대적 관심**으로 이해하도록 요구할 것이다."『슈티르너 비평가들』, 171쪽.

른다"는 사실은 모든 사회주의자와 공산주의자가 자연히 이해하고 있기 때문에 헤스가 그 사실을 증명할 필요는 없다. 만약 슈티르너가 사회에 대해 조금이라도 알고 있었다면, 어떻게 감히 사회의 신성함에 반대하여 글을 쓸 수 있었겠는가! 그리고 더군다나 그토록 무자비하고 그토록 상세하게 글을 쓸 수 있었겠는가!

슈티르너의 책을 읽지 않은 사람은 누구나 헤스가 계속해서 /202/ 얼마나 정확하게 판단했는지, 다음과 같은 판단을 정당화하는 데 얼마나 필요한 것이 적은지 의심 없이 바로 알아차릴 것이다. "국가에 대한 슈티르너의 반대는 사람들이 가난해지고 굶어 죽을 때 국가에 책임을 전가하는 자유주의 부르주아지의 반대와 완전히 같다."

헤스는 슈티르너를 다음과 같이 낙인찍는다. "오, 유일자인 그대는 위대하고, 독창적이며, 천재적이구나! 그러나 나는 심지어 서류상으로라도 그대가 말하는 '자기중심적 사람들의 연합'을 봤다면 기뻤을 것이다. 그런 일이 나에게 허락되지 않았기 때문에, 나는 나 자신에게 그대가 말하는 자기중심적 사람들의 연합의 진정한 **개념**을 특징짓도록 허용할 것이다." 그는 이 연합의 '개념'을 특징짓기를 원했고, 실제로 그 개념을 특징지었다. 그러니까 연합의 개념은 "가장 조야한 형태인 자기중심성, 곧 **야만성**을 지금 삶에 도입하는 개념"이라고 그는 확실하게 말하고 있다.

이러한 연합의 '개념'에 그가 관심을 갖기 때문에, 그는 또한 그 것을 서류상에서 보고 싶다고 설명한다. 그가 유일자에서 그저 개념, 범주만을 보기 때문에, 그래서 유일자가 지극히 중요한 그 러한 연합 역시 자연스럽게 그에게 하나의 개념이 되어야만 했 다. 만일 누군가가 헤스 자신의 말을 헤스에게 다음과 같이 반복 한다면. 즉 "최근에, 우리 중에 유일자에 대한 이야기가 있다. 그 리고 이러한 소식이 쾰른[133]에 전해졌다. 그러나 쾰른에서 철학 적 머리가 그 일을 **철학적으로** 이해했다."면, 그런 이유로 '개념' 이 보존되었는가?

그러나 헤스는 더 나아가 "지금까지의 우리의 모든 역사는 자 기중심적 연합의 역사일 뿐이며, 그것의 결과(고대의 노예제, 중세 의 예속과 현대의 근본적, 보편적 예속)는 우리 모두에게 알려져 있 다"라고 분명하게 보여준다. 무엇보다도, 여기서 헤스는——슈티 르너가 말하는 '자기중심적 사람들의 연합'[134]이 아니라 '자기중

---

133) Köln: 독일 라인강변의 도시 이름.

134) "국가와 교회에 자기중심적 사람들의 연합이라고 이름 붙일 수 있는가? 우리는 그들 속에서 자기중심적, 자기만의, 자기자신의 이해관계를 추구하는가? 아니 면 대중적 이해관계(전통적, 곧 기독교-**민족**들의 이해관계), 요컨대 국가와 교 회의 이해관계를 추구하는가? 나는 그들 속에서 나 자신으로 있을 수 있고 나 자신이어도 되는가? 나는 내가 원하는 대로 생각하고 행동해도 되는가? 나는 나 자신을 표명(表明)하고, 실현하며, 나 자신으로 행동해도 되는가?" 『유일자와 그

심적 연합'이라고 말했다.──왜냐하면 그는 '자기중심적 사람들
의 연합'을 정확히 그런 식으로 받아들일 필요가 있기 때문이구
나! 헤스가 설득하고 싶어 하는 그의 독자들은──헤스의 서문에
서 헤스가 설득해야 할 사람들이 어떤 유형인지를 알 수 있다.
즉 브루노 바우어의 작품처럼 '반동의 선동'에서 이끌어 낸 작품
을 가진 사람, 다시 말해 매우 똑똑하고 정치적 머리를 가진 사
람 말이다.──물론 이러한 독자들은 '자기중심적 연합' 외에 아
무것도 존재하지 않았다는 것이 옳고 의심할 여지가 없다는 것
을 즉시 발견한다.──하지만 관련된 대부분의 사람들이 자신들
의 가장 자연스럽고 명백한 관심을 속인 그런 연합, 즉 자기중심
적 사람들의 연합인가? 한 사람이 다른 사람의 노예이거나 농노
인 곳에서 '자기중심적 사람'이 연합했는가? 그런 사회에 자기
중심적 사람들이 있는 것도 사실이고, 그런 의미에서 그런 사회
는 어떤 측면에서는 '자기중심적 연합'이라고 불릴 수 있다. 그
러나 노예는 실제로 자기중심성에서 이런 사회를 추구하는 것이
아니라, 오히려 노예는 그들의 자기중심적 마음에서 헤스가 부
르는 이 아름다운 '연합'에 반대한다.──어떤 사람의 욕망이 다

─────────

의 소유』, 328쪽. "그대는 연합 속으로 그대의 모든 힘, 그대의 능력을 가져와 **자
신을 가치 있게 만든다.**" 같은 책, 485쪽.

른 사람의 희생으로 충족되는 사회, 예를 들어 어떤 사람들이 다른 사람들이 지칠 때까지 일하게 함으로써만 휴식에 대한 욕망을 충족시킬 수 있는 사회. 혹은 다른 사람들을 비참하게 살게 하거나 어쩌면 심지어 굶어 죽게 함으로써 안락한 삶을 영위하는 사회. 또는 다른 사람들이 궁핍한 생활을 할 정도로 멍청하기 때문에 호사스러운 생활을 하는 사회 등등. 헤스는 그러한 사회를 자기중심적 연합이라고 부르고, 그가 "자신의 비판적 양심이라는 비밀 경찰에서" 자유롭고, 편견 없이 경찰 명령에 위반하기 때문에, 이러한 **자신의** 자기중심적 연합을 슈티르너가 말한 자기중심적 사람들의 연합과 동일시한다. 슈티르너는 아마도 '자기중심적 연합'이란 표현이 필요하겠지만, 그는 무엇보다도 '자기중심적 사람들의 연합'을 통해 '자기중심적 연합'을 설명하고, 둘째로 '자기중심적 사람들의 연합'이 정확하게 설명되지만, 반면에 헤스가 언급한 '자기중심적 연합'은 오히려 종교적 사회, 곧 권리, 법 및 정의의 모든 형식 혹은 예식을 통해 신성한 존경을 받는 공동체이다.

　헤스가 서류상에서가 아니라, 삶 속에서 자기중심적 연합을 보고 싶어 했다면, 그것은 실제로 또 다른 일이 될 것이다. 파우스트가 다음과 같이 외쳤을 때, 그는 그러한 연합의 한가운데 있는 자신을 발견한다. "여기에서 나는 인간이고, 여기에서 나는

136

인간이 될 수 있다."—그러니까 괴테는 그러한 연합을 분명히 말한다. 헤스가 그토록 집착하는 현실의 삶을 주의 깊게 관찰했다면, 일부는 빠르게 지나가고 일부는 지속하는 수백 가지 자기중심적 연합들을 볼 것이다. 아마 지금 이 순간에 헤스의 창 밖에 친선 놀이(Spielkameradschaft)를 하기 위해 몇몇 아이들이 모였을 것이다. 그러니까 그가 아이들을 본다면, 그는 즐거운, 자기중심적 연합을 볼 것이다. 아마 헤스는 친구나 애인이 있을 것이다. 그 다음에 헤스는 그들의 두 마음이 자기중심적으로 서로를 기쁘게 하기 위해 연합할 때, 어떻게 한 마음이 다른 마음을 찾는지를, 그리고 아무도 그 일로 손해를 보지 않는 방법을 알고 있다. 아마도 헤스가 길거리에서 몇 명의 좋은 친구들을 만났고 친구들이 헤스에게 포도주 마시러 함께 가자고 요구할 수 있다. 그렇다면 그가 친구들에게 친절을 베풀기 위해 그들과 함께 가는가? 아니면 그 일이 기쁨을 약속하기 때문에, 그가 그들과 '연합하는가'? 친구들은 '희생' 때문에 진심으로 헤스에게 감사해야 하는가? 아니면 그들 모두가 잠시 동안 '자기중심적 연합'을 형성한다는 것을 알고 있는가?

확실히, 헤스는 이러한 사소한 예들에 주의를 기울이지 않을 것이다. 그러한 예들은 완전히 물질적이며 신성한 사회와, 혹은 신성한 사회주의자들의 '형제 같은 사회, 인간다운 사회'와 아주 큰 차이가 난다.

헤스는 슈티르너에 대해 다음과 같이 말한다. "그는 그의 비판적 양심이라는 비밀 경찰 아래에 끊임없이 남아 있다."[135] 슈티르너가 비판할 때, 그는 비판의 법석을 떠는 것을 원하는 것이 아니라, 헛소리하는 것을 원하는 것이 아니라, 그저 비판하고 싶을 뿐이라고 말하고 있는 게 아닐까? 그러나 헤스는 슈티르너와 브루노 바우어 사이의 실제 차이점도 찾을 수 없다는 자신의 주장이 얼마나 옳았는지 보여주고 싶어 한다. 하지만 헤스는 신성한 사회주의자와 '자기중심적 쩨쩨한 사람' 사이의 차이점 이외에 또 다른 차이점을 찾는 방법을 대체로 알고 있었는가? 그리고 이러한 차이점조차 남의 주목을 끌기 위한 꾸민 듯한 태도보다 그 이상의 어떤 것인가? 비판은 의심이 일어날 가능성이 없는——비판이기 때문에 브루노 바우어와 슈티르너 사이의 차이점

---

135) 슈티르너는 전형적으로 생생하고 전투적인 은유를 통해, 개인의 내적 갈등을 현대 정치 체제에서 주민과 비밀경찰 사이의 투쟁과 유사한 것으로 묘사한다. "개신교는 틀림없이 실제로 사람을 일종의 '비밀경찰국가'로 만들어왔다. 간첩과 엿듣는 사람인 '양심'은 마음의 모든 가벼운 움직임을 감시하고, 게다가 모든 생각과 행동은 개신교에서 '양심이 마땅히 해야 할 일', 다시 말해 경찰행정이 마땅히 해야 할 일이다. 개신교도는 '본능'과 '양심'(내면의 폭도와 내면의 경찰행정)이라는 이러한 인간의 내적 분열로 존재한다."『유일자와 그의 소유』, 141쪽.

을 찾기 위해 그가 필요로 하는 것은 무엇인가? 누군가는 왜 헤
스는 그런 이상한 괴짜들에 관심을 가져야 하는지 물을 수 있다.
헤스가 자신의 소책자에서 했던 것처럼, **자기자신의** 의미를 괴짜
들로 돌리지 않는 한, 매우 어려운 일을 통해서만 괴짜들에게서
의미를 찾을 수 있다. 따라서 그가 서문에서 말했듯이, '무의미
함으로 변해야 하는' 사람은 누구인가?—그는 그의 앞에 가장
인간적 행동을 할 수 있는 그토록 넓은 인간의 영역이 있는데 왜
그럴까?

끝으로, 비평가들에게 포이어바흐의 『'반(反)헤겔' 비판』 4쪽
을 상기시키는 일은 부적절하지 않을 것이다.[136]

---

136) 1844년 오토 비간트(Otto Wigand)가 제2판에서 변경 없이 출판한 "Kritik des
'Anti-Hegel'. Zur Einleitung in das Studium der Philosophie"(Ansbach 1835)
에서 포이어바흐는 칼 프리드리히 바흐만(Carl Friedrich Bachmanns)의 작품
"Anti-Hegel"(예나, 1835)은 "모든 비판보다 못하다"고 생각하여 비판하지 않
고 근본적으로 고려하기 위해 비판의 본질을 사용한다. [포이어바흐는 '인지
의 비판(진정한 비판)'과 '오해의 비판'을 구별한다. 전자는 '어떤 철학의 이념'
을 추구하는 반면, 후자는 '어떤 체계의 긍정에 맞서' 파괴적으로 방향을 취한
다. 비평가는 "상대방과 항상 다른 생각을 갖고 있다. 그러니까 그는 자기 [상
대방의] 생각을 이해할 수 없고 결과적으로 그것을 자신의 지성과 결합할 수도
없다." 이런 식으로 비평가는 비판 대상과 표면적으로만 관련이 있는 것을 비
판한다. "그는 아마도 그의 머릿속에서 철학적 관념과 유사한 표상이나 개념을
발견하고 그에 대한 임시 변통의 참조사항을 갖고 있을 것이다. 그러나 이는 철
학자를 상식에 반하는 범죄자로 십자가에 못박기 위한 목적일 뿐이다." 슈티르
너는 '오해의 비판'을 언급하면서 포이어바흐 자신의 비판과 포이어바흐의 입

장에 동조한 다른 '비평가들'을 견제하는 우아한 행보를 보였다. 울피 랜드스트
라커의 주석은 다음과 같다. 아마도 다음과 같은 적절한 구절에 대한 언급일 것
이다. "그는 항상 자기 상대방이 아닌 다른 생각을 머릿속에 떠올리고 있다. 그
는 자신의 생각을 완전히 이해할 수 없으며 결과적으로 자신의 이해력으로 자
신의 생각을 알아낼 수 없다. 그의 생각은 자기자신의 나(self)라는 빈 공간에서
에피쿠로스의 원자처럼 혼란스럽게 움직인다. 그리고 그의 이해력은 생각을 특
별한 외부의 편위주의적 강조와 함께 외견상의 전체로 통합하는 사건이다."

140

옮긴이 해제[1]

슈티르너를 봐라, 그를 봐라, 모든 강제의 평온한 적을.

당장은, 그가 여전히 맥주를 들이키지만,

머지않아, 피를 물처럼 마실 것이다.

다른 사람들이 사납게 "왕을 타도하자"고 외칠 때

---

1) 슈티르너의 걸작 『유일자와 그의 소유』(1844)가 출간된 뒤, 슈티르너에 대한 헤스, 포이어바흐, 스첼리가의 비평이 있었고 이에 대한 슈티르너의 비평이 『슈티르너 비평가들』(1845)이다. 『유일자와 그의 소유』의 출현 이유와 내용은 박종성 옮김주석, 『유일자와 그의 소유』(부북스, 2023)의 '옮긴이 해제' 및 '옮긴이 말'에서 확인할 수 있다. 이 글에서는 『슈티르너 비평가들』의 '유일자', '유일자의 내용', '자기중심적 사람', '자기중심적 사람들의 연합', '창조가 깃든 무'를 중심으로 비평가들의 비판에 대한 슈티르너의 핵심적 반비판을 정리할 것이다. 이 작업 과정에서 『유일자와 그의 소유』도 참조할 것이다. "[ ]"은 옮긴이가 첨가한 것이다. 『슈티르너 비평가들』에서 슈티르너와 포이어바흐는 자신들을 3인칭으로 표현했다는 점에 주목하라.

슈티르너는 즉시 "법 또한 타도하자"고 추가한다.

존엄으로 가득 찬 슈티르너가 선언한다.

"네가 네 자신의 의지력을 굽히고 감히 자신을 자유롭다고 말할 때,

너는 곧 노예 상태에 익숙해지리니

독단주의를 타도하고, 법마저 타도하라!"[2]

1 '유일자'는 내용이 없는 단어이다

막스 슈티르너를 최초로 비판한 비평가들은 모두 독일 포어
메르츠(Vormärz)기[3]의 급진적인 문학적·철학적 및 정치적 환경 내
에서 글을 쓴 동시대 사람들이었다. 그들은 현대 인본주의의 중
요한 창시자이자 『기독교의 본질』의 저자인 루트비히 포이어바
흐, 당시 젊은 카를 마르크스와 어울리던 포이어바흐주의자이자
공산주의자인 모제스 헤스, 이전에 보수적 헤겔주의의 옹호자였

---

2) 프리드리히 엥겔스의 희곡시 「신앙의 승리(The Triumph of Faith)」(1982) 가운
데, 출처: www.marxists.org/archive/marx/works /1842/cantos/index.htm. 『유일자
와 그의 소유』가 출판되기 전에도, 엥겔스는 슈티르너의 자기중심적 사고의 중요
한 특성이 개인의 행동과 생각에 대한 모든 외부 강제에 대한 끊임없는 비판이었
다는 것을 분명히 이해했다.
3) '3월 전기': 독일의 1848년 3월 혁명 이전의 기간이다.

지만 급진적 비평가가 된 브루노 바우어, 브루노 바우어의 '비판적 비판'의 지지자이기도 한 프로이센 장교인 스첼리가(프란츠 프리드리히 스첼리가 폰 치츨린스키(Franz Friedrich Szeliga von Zychlinski)의 가명)이다. 그리고 프리드리히 엥겔스와 카를 마르크스(마르크스와 엥겔스의 슈티르너에 대한 비판인 『독일 이데올로기(*Die Deutsche Ideologie*)』는 실제로 80년 후에야 출판되었지만!)이다. 이들 중 헤스, 포이어바흐, 스첼리가의 비평에 대한 슈티르너의 비평은 슈티르너가 1845년 9월 《비간트의 계간지(*Wigand's Vierteljahrsschrift*)》 3권에서 『슈티르너 비평가들(*Recensenten Stirner's*)』[4]이라는 제목으로 응답했다. 불행히도 슈티르너는 마르크스와 엥겔스의 길고, 거의 읽을 수 없는, 통렬한 비난을 담은 『독일 이데올로기』에 응답할 수고를 덜었다. 슈티르너나 그들의 생애에 『독일 이데올로기』를 출판할 수 없었기 때문이다.[5]

---

4) 『슈티르너 비평가들』의 매우 불완전한 영어 번역은 프레더릭 고든(Frederick M. Gordon)이 《철학 포럼(*The Philosophical Forum*)》에 요약하고 번역한 것을 이용할 수 있다. Max Stirner, "Stirner's Critics", trans. Frederick M. Gordon, *The Philosophical Forum* 8(2-4), 1977, pp. 66-80. 새로운 영어본은 다음과 같다. Marx Stirner, *Stirner's Critics*, trans. Wolfi Landstreicher(LBC Books and CAL Press, 2012).

5) 『슈티르너 비평가들』에 대한 제이슨 맥퀸(Jason McQuinn)의 서문에서 『독일 이데올로기』에 대한 주석은 다음과 같다. "마르크스와 프리드리히 엥겔스는 그들의 『독일 이데올로기』를 출판할 수 없었지만, 그 일은 분명히 노력이 부족해서가 아니다. 어쨌든 『독일 이데올로기』에서 그들의 맹렬한 공격에 의해 입증된 슈티르

『슈티르너 비평가들』에서 슈티르너는 포이어바흐, 헤스, 그리고 스첼리가가 제시한 비판을 구체적으로 다루고 있다. 그는 특히 '유일자'라는 개념을 자세히 설명했고, 정확히 이 개념과 개

너의 『유일자와 그의 소유』의 가장 중심적인 견해에 관한 마르크스와 엥겔스의 명백한 무지의 문제 외에도, 『슈티르너 비평가들』의 출판 또한 그들의 『독일 이데올로기』가 완성되기 훨씬 전에 마르크스와 엥겔스의 주요 주장들을 완전히 훼손하고 논박했다. 불행하게도, 마르크스주의 학자들과 심지어 마르크스주의 비평가들 모두 오늘날까지 여전히 후자의 사실에 대해 무지한 것으로 보인다. 지금까지 내가 알아낸, 『유일자와 그의 소유』와 『슈티르너 비평가들』의 내용을 알고 있었던 소수의 학자조차도 한결같이 자신들의 논리적 결론의 논증을 따르지 않았다. 『독일 이데올로기』에서 마르크스와 엥겔스는 슈티르너가 그들 이전에 포이어바흐주의, 인본주의적 유물론의 토대를 파괴한 것에 대한 응답으로 유물론 철학의 더 정교한, 헤겔적, 역사적 견해를 말하려고 시도한다. 그러나 그들의 합리주의적 현실화 계획의 자기기만적이고 본질적으로 종교적 성격은 아마 초월적, 집단적 역사주체의 이데올로기적 구성과의 동일화(자기부정과 자기소외)를 요구한다. 이것은 어떤 형태로든 마르크스주의 이데올로기의 생존을 위해, 슈티르너 자신의 내재적이고 의도적인 자기중심성의 잘못된 해석과 왜곡을 역사적 필연으로 만든다. 이것이 『독일 이데올로기』에서 이데올로기라는 마르크스주의자의 이데올로기적 비판의 애처로운 비밀이다. 이데올로기로서의 마르크스주의 생존을 유지하기 위해, 이 일에 영구적이고 뻔히 보이는 거짓말을 요구하더라도 마르크스주의자들은 진정으로 비(非)이데올로기적인 것을 '이데올로기'로 칠할 수밖에 없다. 막스 슈티르너 이후로 아나키스트들은 모두 부르주아 이기주의자(egoists)로 묘사되어야 한다. 그보다 적은 것은 마치 명백히 이데올로기적 성격은 어떤 추가적 폭로가 필요해야 하는 것처럼, 소련과 마오주의자 집단화, 강제 노동 수용소, 재교육 수용소, 재정착 등등과 같은 대량 노예화와 대량 학살 운동을 완성한 마르크스주의자 '과학'의 이데올로기적이고 자기소외적 토대를 인정하는 것일 것이다." Jason McQuinn, "Introductions: Clarifying the Unique and Its Self-Creation", Max Stirner, *Stirner's Critics*, trans. Wolfi Landstreicher(LBC Books and CAL Press, 2012), p. 11.

인의 자기관심이 모든 면에서 종교와 반대된다고 주장했다. 물론 슈티르너의 주요 적수는 포이어바흐이다. 그는 특히 신의 본질과 인간의 본질 사이에 중요한 차이가 없다는 포이어바흐의 주장에 대해 논평하는 데 관심이 있었다. 왜냐하면 이 문제가 포이어바흐와의 차이점이라고 생각했기 때문이다. 슈티르너는 신의 본질이 과장되거나 이상화되지 않는다고 주장하는 것은 말이 되지 않는다고 주장한다. 왜냐하면 신이 과장된, 이상화한 주체이고, 단순히 '신'과 '인간'과 같은 구성이 필연적으로 그것들에게 할당된 술어나 본질에 의해 정의되기 때문이다. 다시 말해 주어가 과장되거나 이상화되어 있다면, 술어 또는 본질도 과장되거나 이상화되어 있기 때문이다. 인간의 신성(神性)과 인간다운 인간은 각각에 할당된 술어나 본질이 다르기 때문에 차이가 있을 수밖에 없다.

새로운 인본주의를 창조하려는 포이어바흐의 시도는 사실상 종교의 부활에 불과하다. 왜냐하면 그 일은 인간다운 인간을 인간의 신성으로 변화시키려는 의도이기 때문이다. 그리고 이 일은 실제로 존재하는 인간을 신비화함으로써만 수행할 수 있다. 신비화는 무비판적으로 '인간'이라는 허구의 '유개념'을 만들어내고, 개인을 추상적·이상적 범주로 환원함으로써 개인의 개별성이나 개인성을 파괴한다. 헤스와 스켈리가도 비슷한 문제를 제기하는데, 둘 다 정치적 또는 철학적 범주를 위해 개인의 개별성을 해체하려 하기 때문이다. 두 사람 모두 '유일자'는 내용이 없는 공허한 문구라고 반대한다. 슈티르너는 물론 '유일자'는 분석적 목적으로 개발되었기 때문에 내용이 없는 문구라고 대답한다. "이름은 관점만이 어떤 내용을 제공할 수 있는 내용이 없는 단어이다."[6] 자기자신의 생각과 행동을 통해 내용을 제공하는 것은 문구가 아니라 사람, 즉 개인이다. "그대가 유일자의 내용이기 때문에, 더 이상 유일자의 어떤 **특별한** 내용, 다시 말해 어떤 개념의 내용에 대해 생각할 필요가 없다."[7] 헤스는 공산주의를 위한 집단적 전투에서 개인의 규율을 추구하기 때문에 유일자와 인류, 또는 사회 계급 사이의 차이를 이해하는 데 어려움을 겪는다. 스첼리가는 포이어바흐와 마찬가지로 기독교 전통에 대항하는 집단적 전투를 위해 개인의 규율을 추구하기 때문에 그 차이를 이해하는 데 어려움을 겪고 있다.[8] "유일자는 **규정되지 않**은 개념"[9]이다. '유일자'라는 개념은 인간, 정신, 본질 등등의 개념

---

6) 『슈티르너 비평가들』, 151쪽.

7) 같은 책, 151쪽.

8) John F. Welsh, *Max Stirner's Dialectical Egoism: A New Interpretation*(Lexington Books, 2010), p. 20.

9) 『슈티르너 비평가들』, 150쪽.

과 대조되는 공허한 개념이다. 왜냐하면 유일자라는 말은 "그대는 그대이다"라는 말 외에는 아무것도 함축하지 않기 때문이다. 유일자라는 말은 포이어바흐가 슈티르너를 비난했던 것처럼 이상을 의미하는 것이 아니라, 그 말을 채우는 것은 개인이 해야 하는 솔직한 공허한 문구일 뿐이다. 유일자라는 말은 정말로 어떤 종류의 절대적 정의(定義)가 아니라, 그 자신의 현존, 그 자신의 주관적 존재에 의해서만 표현될 수 있는 정의할 수 없는 '나'일 뿐이다. 슈티르너에게 '유일자'는 단순히 정의를 넘어서는 것이고 말로 표현할 수 없는 것을 가리키는 이름이다. '유일자'는 어떤 **사람**에 대해 한정적인 무엇인가를 말하는 것이 아니다. 따라서 '유일자'는 언어를 넘어선 단순한 이름을 뜻한다는 사실이 더욱 분명해진다.

2 '그대'가 유일자의 내용이다

슈티르너는 당신과 나, 즉 지금 이 순간 육체가 있는 모든 개인을 '유일자'라고 불렀다. 『슈티르너 비평가들』에서 그는 '유일자'는 그저 이름일 뿐이며, 그 이상은 아니라고 설명한다. "유일자는 그저 이름일 뿐이기 때문이다. 유일자는 그대는 그대이고, 그대는 그대 이외에 아무것도 아니라는 것, 그대는 유일한 그대이거나 그대 그 자신이라는 것을 말할 뿐이다."[10] 이러한 관점은 『유일자와 그의 소유』에서도 분명히 확인할 수 있다. "세상 사람이 신에 대해 '이름 짓지 마라'라고 말한다. 이 말은 나에게도 해당한다. 어떤 **개념**도 나를 표현하지 않으며, 내 본질이어야만 한다고 말하는 어떤 것도 나를 충분히 자세하게 말하여 표현하지 못한다."[11]

또한 『슈티르너 비평가들』에서 "개념 혹은 속성(屬性)으로서의 '인간'은 그대를 충분히 자세하게 설명하여 말하지 않는다."[12]고 주장하면서 "누군가가 '그대는 인간이다'라고 말하는 것으로 그대를 충분히 자세하게 설명하여 말하는가?"[13]라고 반문한다. 그러면서 자신의 주장을 좀 더 상세히 설명한다. "그대는 살아

---

10) 같은 책, 152쪽.

11) 『유일자와 그의 소유』, 565쪽(본문의 글을 약간 수정함). 원어를 병기하면 다음과 같다. "충분히 자세하게 말하여 표현하지(erschöpfte) 못한다." 'erschöpften'는 (비유적 의미에서) '지칠 대로 지치게 하다, 기진맥진하게 하다, 녹초가 되게 하다'라는 뜻도 있다. 하지만 이 단어가 들어간 글을 모두 검토하면, '충분히 자세하게 말하여 표현하다(erschöpfte)'라고 옮기는 것이 온당하다. 이 단어는 『유일자와 그의 소유』에서 두 번 등장한다. 『슈티르너 비평가들』에서 다섯 번 등장하는 이 단어는 유일자를 설명하는 데 중요하므로 주의 깊게 볼 필요가 있다. 그래서 아래 주석에 독일어를 병기하여 주석으로 넣었다.

12) 『슈티르너 비평가들』, 150쪽. "충분히 자세하게 설명하여 말하지(erschöpft) 않는다."

13) 같은 책, 153쪽. "그대를 충분히 자세하게 설명하여 말하는가(erschöpft)?"

있는 본질 혹은 **동물보다 그 이상**이다라고 슈티르너가 말했다면, 이 말은 그대는 **여전히 동물**이지만, 동물성이 현재의 그대를 충분히 자세하게 설명하여 말하지 못한다는 것을 의미한다."14 포이어바흐처럼 둘 이상의 사람들이 공통적으로 갖고 있는 성질이 '인간의 본질'이라고 정의하는 것은 불가능하다. 두 사람이 모두 동물이라고 해서, 그 동물이 인간의 규정이라는 뜻은 아니다.

이러한 **무엇**은 모든 사람의 **보편**에 대한 표현이기 때문에, 모든 사람이 서로 공통으로 가지고 있는 것에 대한 표현이긴 하지만, 그런 일은 '모든 사람'에 대한 표현은 아니고, 모든 사람이 **누구인지**를 표현하지 않는다.15 누군가가 '그대는 인간이다'라고 말하는 것으로 그대를 충분히 자세하게 설명하여 말하는가? 또한 그렇게 말해

---

14) 같은 책, 191쪽. "충분히 자세하게 설명하여 말하지(erschöpft) 못한다는 것을 의미한다."

15) "자유는 오직 다음을 가르친다. 당신을 모든 무거운 짐으로부터 자유롭게 하라, 해방하라. 그러나 자유는 당신한테, 당신이 누구인지 가르치지 않는다. (……) 자기 소유자는 처음부터 자유롭다. 왜냐하면 자기 소유자는 모름지기 자신을 인정하기 때문이다. 또한 그는 맨 먼저 자신을 자유롭게 할 필요가 없다. 왜냐하면 그는 처음부터 자기 밖에 있는 모든 것을 거부하기 때문이고, 자기자신보다 더 소중한 것은 아무것도 없고, 자신보다 더 높은 것은 아무것도 없다고 평가하기 때문이다." 『유일자와 그의 소유』, 256-257쪽.

서 그대가 **누구인지를** 완전히 표현한 사람이 있는가?[16]

슈티르너는 보편적 인간이라는 포이어바흐의 개념을 단호하게 거부한다. 그러면서 슈티르너는 수천 년 동안 감옥을 '인간답지 않은 인간'으로 가득 채웠다고 비꼬며 언급한다.[17] "만약 신다운 정신이 우리를 충분히 자세하게 말하여 표현하지 못한다면, 인간다운 정신은 우리가 무엇인지를 어떻게 온전히 표현하겠는가?"[18]라고 반문한다. "그대의 본질과 함께 있는 그대 자신이 나에게 가치가 있다. 왜냐하면 그대의 본질은 그대보다 더 높은 본질이 아니며, 그대보다 더 높은 본질이거나 더 보편적 본질이 아니기 때문이다. 그대의 본질은 그대 자신처럼 독특하다. 왜냐하면 그대의 본질이 그대이기 때문이다."[19] "그대는 **또한** 인간이다. 그대는 남자보다 그 이상이다. 그러나 그대는 **역시** 남자이다. 하지만 인간다움과 남자다움[20]은 그대를 자세하게 설명하여 말로

---

16) 『슈티르너 비평가들』, 153쪽. "그대를 충분히 자세하게 설명하여(erschöpfen) 말하는가?"

17) 같은 책, 194쪽.

18) 『유일자와 그의 소유』, 271쪽. "만약 신다운 정신이 우리를 충분히 자세하게 말하여 표현하지(erschöpfte) 못한다면."

19) 같은 책, 68-69쪽(본문 일부 수정함).

20) "인간이라는 것은 남자다움 혹은 여자다움처럼, 나의 속성(소유)과 같은 어떤 것

표현하지 못한다."²¹ 물론 말하고 쓰려면 '이름'을 사용해야 했다. 그러나 그는 이렇게 썼다.

유일자는 전혀 [개념의] 내용이 없다. 유일자는 불확정성 그 자체이다. **그대를 통해서만** 유일자는 내용과 규정을 얻는다. 유일자의 개념적 발전은 없으며, 그 존재, 그 생각 혹은 그 나와 같은 것을 '원리'로 삼아 철학적 체계를 구축할 수 없다. 오히려 유일자는 **모든 개념적 발전**에 종지부를 찍는다.²²

자기관심이 자기중심성의 토대를 형성한다. 그러나 유일자처럼 자기관심은 동일한 방식으로 단순한 이름, 내용이 없는 개념이고 개념적 발전이 전혀 없는 것이 아닌가? 반대자들은 자기관심과 자기중심성을 일종의 '원리'로 본다. 이러한 견해는 반대자들이 자기관심을 절대적 관심으로 이해하도록 요구할 것이다.²³

일 뿐이다." 같은 책, 281쪽.
21) "그대를 자세하게 설명하여 말로(erschöpfend) 표현하지(ausdrücken) 못한다." 『슈티르너 비평가들』, 191쪽.
22) 같은 책, 150쪽.
23) 같은 책, 171쪽.

그런데 비평가들은 유일자를 내용 없음, 불확정성, 자기관심으로 생각하지 않기 때문에 '유일자'를 일종의 '원리'로 여기는 사람은 자신이 유일자를 철학적으로 혹은 이론적으로 다룰 수 있다고 생각하고, 불가피하게 유일자에 대하여 쓸데없이 무턱대고 비난한다.[24] 내가 내 세상에서 살기 전에, 네가 네 세상에서 살기 전에, 유일자에 '내용'을 부여하고 강요하는 것은 그것에 정체성과 동일성을 부여하고 강요하는 유일한 것으로서의 유일자를 파괴하는 것이다. 유일자에 개념적 내용을 부여하는 것은 유일자를 부조리하게 만드는 것이다. 슈티르너의 『유일자와 그의 소유』에 대한 최초의 비평가들 역시 유일자를 속성을 지닌 개념으로 바꾸고, 이런 식으로 슈티르너의 책을 공격하려고 노력했다.[25] 그렇다면 유일자의 내용은 무엇인가? "**그대가** 유일자의 내용이기 때문에, 더 이상 유일자의 어떤 **특별한** 내용, 다시 말해 어떤 개념의 내용에 대해 생각할 필요가 없다."[26] 그래서 "유일자의 내용이 생각의 내용이 아니기 때문에, 그런 이유로 유일자는 생각할 수 없고 말로 표현할 수 없는 사람이다."[27] 슈티르너는

---

24) 『슈티르너 비평가들』, 150쪽.

25) 이러한 내용이 『슈티르너 비평가들』이다.

26) 같은 책, 151쪽.

27) 같은 책, 152쪽.

152

계속해서 몇몇 페이지에 걸쳐 '유일자'는 단지 말할 수 없는 것을 가리키는 이름일 뿐이며 이 순간에 지금 여기 있는 당신과 나를 가리키는 것임을 매우 명확하게 설명한다. "유일자는 아무 말도 하지 않는다. 왜냐하면 유일자는 그저 이름일 뿐이기 때문이다."[28] "그대를 위해, 정확히 지금 이 순간에 그대를 위해 가치 있는 어떤 것이 있었다면,——지금 이 순간에만 그대는 그대이기 때문에, 이 순간의 사람으로서만 그대는 실재한다."[29]

3 '자기중심적 사람'은 세계의 중심이자 자기소유자이면서 신성모독자이다

슈티르너는 "비평가들은 유일자보다는 '자기중심적 사람'에 대해 훨씬 더 몹시 분개한다"[30]라고 말하면서, '자기중심적 사람'에 대해 설명한다. '자기중심적 사람'이란 '모두가 자기 세계의 중심'[31]이란 의미이다. 좀 더 슈티르너의 이야기를 들어보자.

---

28) 같은 책, 153쪽.
29) 같은 책, 175쪽.
30) 같은 책, 156쪽.
31) 같은 책, 159쪽.

모든 것이 그대를 중심으로 돌아간다. 그대는 외부 세계의 중심이고 생각 세계의 중심이다. 그대의 세계는 그대의 수용 능력만큼 확장된다. 그리고 단순히 그대가 그것을 움켜잡기 때문에, 그대가 움켜잡는 것은 그대의 소유이다. 유일자인 그대는 '**그대의 소유**'와 **함께해서만** '유일자'이다.[32]

그런데 "자기에게 유용하지 않음은 더 이상 자기자신을 생각하지 않고 더 이상 자기자신에 몰두하지 않는다는 의미에서 자기망각이 아니라, 오히려 '우리의 것'인 세계를 잊는다는 다른 의미에서, 이 세계의 중심이거나 **소유자**라는 것을 잊는다는 다른 의미에서, 세계가 우리의 소유라는 것을 잊는다는 다른 의미에서 자기망각이다."[33] 그렇다면 세계가 우리의 소유라는 사실을 잊는다면 어떻게 될까? 슈티르너는 이것을 "자기에게 유용하지 않음, 즉 기만당한 자기중심성"[34]이라고 주장한다. 자

---

32) 같은 책, 159쪽. 여기서도 독일어를 병기해서 보면 다음과 같다. "그대가 그것을 움켜잡기(fassen) 때문에, 그대가 움켜잡는(umfassest) 것은 그대의 소유(eigen) 이다. 유일자인 그대는 '**그대의 소유**(Eigentum)'와 **함께해서만** '유일자'이다." 'fassen(움켜쥐다)'과 'eigen(자신의)'이라는 단어를 사용하여 자신의 주장을 강화하고 있다. 이런 글쓰기가 슈티르너 글의 특징이다.

33) 같은 책, 160쪽.

34) 같은 책, 160쪽.

기에게 유용하지 않음, 즉 기만당한 자기중심성은 자기부정이자 개인적 흥미가 없는 것이고, 신성한 관심이자 절대적 관심이다.

따라서 기만당한 자기중심성[35]은 **절대적 관심**에 대한 믿음이다. 절대적 관심은 자기중심적 사람에게서 발생한 것이 아니라, 다시 말해 그에게 흥미로운 것이 아니라, 오히려 그에게 '영원한' 관심이 거만하고 단호하게 대항하는 것이다. 여기서 자기중심적 사람은 기만당한 사람이다. 왜냐하면 자기자신의 관심, 곧 '개인적 관심'이 무시될 뿐만 아니라, 또한 비난받기 때문이다.[36]

이렇게 되면 다음과 같은 일이 일어난다. "신성한 것은 자신만의 흥미, 한 유일자의 관심"[37]이 아니다. 나아가 "**신성한 관심** 앞에서만 **자신의** 관심은 '개인의 관심', 혐오스러운 '자기중심성',

---

35) betrügen: 속이다, 기만하다. "종교는 우리의 욕망들에 기대를 걸고, 욕망들 중 하나의 욕망을 위하여, 다른 많은 욕망들을 억누른다. 그러면 이러한 사실은 기만당한 자기중심성이라는 현상을 제공한다. 그곳에서 나는 나 자신을 만족시키는 것이 아니라, 오히려 내 욕망들 중 하나, 예를 들어 축복을 향한 욕망을 만족시킨다." 『유일자와 그의 소유』, 258쪽.
36) 『슈티르너 비평가들』, 164쪽.
37) 같은 곳.

'죄'가 된다."[38] 이 문제에 대해 슈티르너는 자신의 주장을 다시 한번 강조하면서 확인시킨다. "슈티르너는 188쪽[39]에서 신성한 관심과 자신의 관심 사이의 차이를 간략하게 다음과 같이 지적한다. "나는 신성한 관심에 반대하여 **죄를 범하거나**, 오직 자신의 관심을 **경솔한 짓을 해서 잃을** 수 있다."[40] [41] 그러니까 "만약 그대가 하나의 신성한 관심만 마음에 새기면, 그대는 **그대 자신의 관심**에 사로잡혀 속아 넘어갈 것이다. 지금 그대가 따르는 관심을 신성하다고 부른다면, 내일 그대는 그것의 노예가 될 것이다."[42] "왜냐하면 신성한 것은 자신만의 흥미, 한 유일자의 관심이 아니기 때문이다."[43] 이러한 깨달음으로 슈티르너는 전투를

---

38) 같은 책, 162쪽.

39) 『유일자와 그의 소유』 266-267쪽을 말한다.

40) "나는 내가 유용하지 않게 섬기고 있는 대의보다 내가 유용하게 추진하고 있는 대의를 다른 관계를 맺고 있다. 이러한 관계에 대해 누군가는 다음과 같은 인식표를 내세울 수 있다. 이를테면 나는 내가 유용하지 않게 섬기고 있는 대의에 반대하여 **죄를 범하거나 어떤 죄를** 저지를 수 있다. 하지만 나는 단지 내가 유용하게 추진하고 있는 대의를 **경솔한 짓을 해서 잃고**, 밀어제치거나, 나에게서 박탈할 수 있는데, 다시 말해 경솔하게 행동할 수 있다." 같은 책, 266-267쪽.

41) 『슈티르너 비평가들』, 162쪽. '경솔한 짓을 해서 잃을 수 있다(verscherzen)'라는 단어를 독일어본 165쪽에서 '까딱 잘못하여 놓치는 것(verscherzen)'으로 다시 쓰고 있다.

42) 같은 책, 163쪽.

43) 같은 책, 164쪽.

시작한다.

자기중심적 사람, 곧 신성모독자는 신성한 양심의 가책에 맞서 반항하고 신성한 양심의 가책이라는 신성한 힘에 대항하려고 자신의 자기중심적 힘을 시도해 본다. 모든 '자유로운 생각'은 양심의 가책에 대한 탈신성화이고 바로 양심의 가책이라는 신성한 힘에 대항하는 자기중심적 노력이다.[44]

왜 저항해야 하는가? 슈티르너가 바라보는 이 세계는 희생의 역사였기 때문이다. "수천 년 동안 자기중심적 사람을 채찍질하는 기둥에 묶고 생각과 믿음의 영역에서 달려 나오는 모든 '신성한 것'에 광적으로 자기중심성을 희생시켜 왔다. 우리는 자기중심적 세계에 살고 있는 것이 아니라, 오히려 가장 작은 소유 한 조각까지 완전히 신성한 세상에 살고 있다."[45] 개인이 더 이상 어떤 이상, 즉 모든 '더 높은 본질' 또는 '최고의 존재'를 섬기지 않을 때, 더 이상 타자를 섬기지 않을 때, 자기중심적 사람이다. 나에게 어떤 기준을 부과하는 사람들은 나의 유일한 나에 추상 개

---

44) 같은 책, 166쪽.
45) 『슈티르너 비평가들』, 169쪽.

넘들을 강요하고, 사회적 요구 사항에 따르도록 강요한다는 점에서 나의 적들이다. 자기소유성[46]은 개인이 자신의 선택에 따라 행동하려는 약속과 노력을 의미한다. 개인이 자신의 욕망과 자신의 생각으로 자신을 섬길 때, 그는 소유자 또는 유일한 자기중심적 사람이다. 슈티르너가 분명히 말했듯이 그의 "자기중심성은 사랑에도 반대하지 않고, 생각에도 반대하지 않는다. 자기중심성은 결코 사랑의 달콤한 삶의 적이 아니고, 헌신과 희생의 적도 아니다. 자기중심성은 가장 진심 어린 따뜻한 사랑의 적도 아니다. 그러나 또한 자기중심성은 비판의 적도, 사회주의의 적도 아니다. 간단히 말하면, 어떤 **현실적 관심**의 적이 아니다. 자기중심성은 관심을 배제하지 않는다. 자기중심성은 무관심성과 흥미롭지 않은 것에 대해서만 반대한다. 그러니까 자기중심성은 사랑에 반대하는 것이 아니라, 오히려 신성한 사랑에 반대하는 것이고, 생각에 반대하는 것이 아니라, 오히려 신성한 생각에 반대하는 것이며, 사회주의자에 반대하는 것이 아니라, 오히려 신성한 사회주의자에 반대한다."[47] 그 대신에 슈티르너는 "누군가가

---

46) "자기소유성, 그것은 내 온전한 존재이자 현존을 의미한다. 자기소유성은 나 자신이다. 나는 내가 **벗어난** 것에서부터 자유롭다. 나는 나의 **힘** 속에 가지고 있는 것 혹은 내가 **마음대로 제어하는** 것의 소유자이다."『유일자와 그의 소유』, 246쪽.

47) 『슈티르너 비평가들』, 182쪽.

고립, 분리, 고독으로 행세하고 싶어하는 자기중심적 사람의 '배타성'[48]은 반대로—흥미롭지 않은 것을 배제함으로써 흥미 있는 것에 완전히 **참여하는** 것이다."[49]

슈티르너는 포이어바흐의 근본적 착각은 '본질의 완전성'이라는 관념이며, 이러한 '근본적 편견'[50]인 '인간의 신격화', 다시 말해 **'완전한 인간'**[51]은 '구체적 인간'이 아니고, 평범한, 죄를 진, 자기중심적 사람이 아니다. 슈티르너는 포이어바흐를 비판하면서, 포이어바흐를 예로 들어, 그는 "남성이고, 인간이며, 살아 있는 본질이고, 프랑크인 등등이다. 하지만 그는 이 모든 것보다 그 이상이다. 왜냐하면 이러한 속성들은 그의 유일성을 통해서만 실재성을 가지기 때문이다. 그는 **유일한** 남성이고, **유일한** 인간 등등이다. 실제로 그는 **비교할 수 없는** 남성이고, **비교할 수 없**

---

48) 슈티르너의 다음 글을 보면, 배타성은 유일성과 같은 의미이다. "자기중심성의 가장 단순한 형태이기에 가장 견고한 형태인, 바로 유일성(Einzigkeit), 배타성(Ausschliesslichkeit)의 형태인 자기중심성에 대한 투쟁이다."『유일자와 그의 소유』, 211쪽, 377-378쪽 참조.

49) 『슈티르너 비평가들』, 182쪽.

50) 같은 책, 188쪽.

51) "그대는 하나의 완전한 인간, 하나의 자유로운 인간이어야만 한다."『유일자와 그의 소유』, 376쪽. "또 다른 나, 곧 참된 나는, 완전한 인간, 즉 정신으로 존재해야만 한다." 같은 책, 507쪽.

는 인간이다."[52] 또한 슈티르너는 헤스가 "정치적 영역에서 공산주의가 이미 꽤 오랜 시간 동안 자기중심성(intérêt personnel)과 인본주의(dévouement)[53]라는 두 극단으로 나누어져 있다는 사실을 알아야만 할 것이다"[54]라고 비판한다.

---

52) 『슈티르너 비평가들』, 192쪽. "확실히 나는 남들과 비슷한 점이 있다. 하지만 그것은 견주어 보거나 돌이켜보는 경우에만 해당한다. 실제로 나는 비교할 수 없는 존재이며, 유일한 사람이다." 『유일자와 그의 소유』, 218쪽.

53) 프랑스어로 각각 '개인의 관심(intérêt personnel)'과 '헌신(dévouement)'으로 옮길 수 있다. 슈티르너는 여기서 다시 'Egoismus'과 같은 의미로 괄호 안에 '개인의 관심'이라고 썼다. 따라서 'Egoismus'는 '이기주의'가 아니라 '자기중심성'으로 옮겨야 함이 분명해진다. 또한 인본주의와 같은 의미로 괄호 안에 '헌신'을 썼다. 따라서 인본주의는 새로운 개인의 지배이자 '헌신'의 대상인 '인간다움'을 주장한다고 이해할 수 있다. 한 가지 더 '자기중심성'으로 옮겨야 하는 이유에 대해 슈티르너의 말을 직접 들어보는 것이 좋을 것이다. "자기관심이 자기중심성의 토대를 형성한다. 그러나 유일자처럼 자기관심은 동일한 방식으로 단순한 이름, 내용이 없는 개념이고 개념적 발전이 전혀 없는 것이 아닌가? 반대자들은 자기관심과 자기중심성을 일종의 '원리'로 본다. 이러한 견해는 반대자들이 자기관심을 절대적 관심으로 이해하도록 요구할 것이다." 『슈티르너 비평가들』, 171쪽. 이러한 맥락에서 '이기주의자'도 '자기중심적 사람'으로 옮겼다.

54) 『슈티르너 비평가들』, 201쪽.

4 '자기중심적 사람들의 연합'은 자기관심, 자기향유, 자기성취, 상호의존, 호혜주의이다

'자기중심적 사람들의 연합'이라는 문구는 막스 슈티르너의 『유일자와 그의 소유』에서 몇 번만 발견되지만,[55] 국가와 국민, 주인과 하인, 주인과 노예 사이의 관계[56]에 대한 슈티르너의 대안으로 자주 언급된다. 그런데 헤스는 '자기중심적 사람들의 연합'이라고 부르는 슈티르너의 생각을 비판하면서, 그러한 교류

---

55) "그러므로 국가와 나, 양자는 적이다. 이러한 '인간다운 사회'의 복지는 나에게, 곧 자기중심적 사람한테 대단히 중요하지 않다. 나는 그러한 사회를 위해 아무 것도 희생하지 않으며, 나는 그러한 사회를 이용할 뿐이다. 그러나 그러한 사회를 완전히 이용할 수 있기 위해서, 오히려 나는 그것을 내 소유로 또 내 창조물로 바꾼다. 다시 말해 나는 '인간다운 사회'를 없애고 그 자리에 자기중심적 사람들의 연합(Verein von Egoisten)을 세운다." 『유일자와 그의 소유』, 277-278쪽. "기독교 민족은 두 가지 사회를 만들어내었다. 그 사회의 지속은 그 사람들의 지속적 존재와 동등하게 유지된다. 이것들이 국가와 교회라는 사회들이다. 국가와 교회에 자기중심적 사람들의 연합이라고 이름 붙일 수 있는가? 우리는 그들 속에서 자기중심적, 자기만의, 자기자신의 이해관계를 추구하는가? 아니면 대중적 이해관계(전통적, 곧 기독교-민족들의 이해관계), 요컨대 국가와 교회의 이해관계를 추구하는가? 나는 그들 속에서 나 자신으로 있을 수 있고 나 자신이어도 되는가? 나는 내가 원하는 대로 생각하고 행동해도 되는가? 나는 나 자신을 표명(表明)하고, 실현하며, 나 자신으로 행동해도 되는가? 나는 국가의 존엄, 교회의 신성함이 손상되지 않도록 해야만 하지 않는가?" 같은 책, 328쪽.
56) 같은 책, 586쪽 참조.

에서는 지배하는 사람과 지배에 복종하는 사람이 있어야 한다고 주장했다. 헤스가 슈티르너는 자신에게 "자기중심적 사람들의 연합의 진정한 **개념**을 특징짓도록 허용"한다고 슈티르너를 비판했을 때, 슈티르너는 다음과 같이 대답한다. 헤스는 "이 연합의 '개념'을 특징짓기를 원했고, 실제로 그 개념을 특징지었다. (……) 이러한 연합의 '개념'에 그가 관심을 갖기 때문에, 그는 또한 그것을 서류상에서 보고 싶다고 설명한다. 그가 유일자에서 그저 개념, 범주만을 보기 때문에, 그래서 유일자가 지극히 중요한 그러한 연합 역시 자연스럽게 그에게 하나의 개념이 되어야만 했다."[57] 그런 다음 슈티르너는 자기중심적 사람들의 **개념적** 연합과 반대되는 몇 가지 **현실적** 연합을 설명한다. 슈티르너는 『슈티르너 비평가들』에서 마음이 따뜻해지는 두 가지 장면을 상상한다.

아마 지금 이 순간에 헤스의 창 밖에 친선 놀이(Spielkameradschaft)를 하기 위해 몇몇 아이들이 모였을 것이다. 그가 아이들을 본다면, 그는 즐거운 자기중심적 연합을 볼 것이다. 아마 헤스는 친구나 애인이 있을 것이다. 그다음에 헤스는 그들의 두 마음이 서로를 기쁘게 하기 위해 자기중심적으로 모여들듯, 한 마음이 다른 마음을 찾

---

57) 『슈티르너 비평가들』, 202쪽.

는 방법을 알고 있고, 아무도 그런 일로 손해를 보지 않는 방법을 알고 있다. 아마도 헤스가 길거리에서 몇 명의 좋은 친구들을 만나서 친구들이 헤스에게 함께 포도주 마시러 가자고 요구한다. 그가 친구들에게 친절을 베풀기 위해 그들과 함께 가는가? 아니면 그 일이 기쁨을 약속하기 때문에, 그가 그들과 '연합하는가(vereint)?' 친구들은 '희생' 때문에 진심으로 헤스에게 감사해야 하는가? 아니면 그들 모두가 잠시 동안 '자기중심적 연합'을 형성한다는 것을 알고 있는가?[58]

물론 이것들이 연합 전체 목록을 구성하는 것은 아니다. 슈티르너는 실제로 수천 명의 사람들로 구성된 연합,[59] 도둑을 잡기 위해[60] 또는 자신의 노동에 대한 더 나은 보수를 얻기 위해 연합하는 연합에 대해 이야기한다.[61] 관계가 효성[62]과 같은 물질

---

58) 『슈티르너 비평가들』, 204쪽.

59) "노동자는 엄청난 힘을 소유하고 있다. 그리고 만일 언젠가 그들이 엄청난 힘을 철저히 자각하고 그 힘을 사용하게 되었다면, 아무도 그들에게 저항할 수 없다. 그들은 동맹 파업을 하고, 노동의 산물을 자신의 것으로 여기고 그것을 향유하기만 하면 된다." 『유일자와 그의 소유』, 182쪽.

60) 같은 책, 122쪽.

61) "노동자가 국가를 강제하려고 하자마자, 더 높은 임금을 요구하는 노동자는 범죄자로 취급된다. 노동자는 무엇을 해야만 하는가? 노동자는 강제 없이 더 높은 임금을 얻지 못한다." 같은 책, 394쪽.

62) "가족들의 요구에 더 적게 양보하면 할수록 그만큼, 그는 더욱더 양심적으로 효성, 가족 사랑에 고착하므로, 그래서 그만큼 그가 가족 사랑과 효성에 대해 품었

적, 자연적 결합 관계[63]가 아닌, 혹은 시민, 부랑자,[64] 인간으로서 '하나이자 똑같은'[65] 존재라는 관념론적 관계가 아닌 **연합 관계**는 일종의 '과정'으로 이해할 수 있다. 의지 관계로서의 소유는 의

던 표상에 거슬리는 죄를 용서하는 것이 더욱더 어렵게 된다." 같은 책, 139쪽, "가족이 각 구성원 각자에 의해서 가족의 지속되는 현존을 인정받고 보존되어야 만 한다면, 각자에게 혈연은 신성한 것이어야만 하고, 혈연에 대한 각자의 감정 은 효성이어야만 하고, 곧 혈연을 존경하는 감정이어야만 하며, 이로써 각자에 게 각각의 혈연은 신성한 것이 된다." 같은 책, 274쪽, "가족의 법, 효성(Pietät360) 혹은 가족 사랑을 가족의 구성원이 지킬 때만, 가족은 참된 공동체이다." 같은 책, 341쪽.

63) "가족, 공동체, 간단히 말해 이른바 '자연적 결합 관계'가 세계 질서 혹은 이 세 계의 존재물에 속한다." 같은 책, 41쪽.

64) 같은 책, 177–178쪽.

65) "나와 정신은 이러한 갈등 속에서만 놓여 있다. 왜냐하면 오로지 '나'와 '정신'은 하나이자 같은 것에 대한 이름이 아니라, 오히려 완전히 다른 것에 대한 다른 이 름이기 때문이다." 같은 책, 52쪽. "정신병원의 불쌍한 바보가 자신이 하나님 아 버지이고, 일본의 황제이고, 성령 등등이라는 망상에 정신을 빼앗기거나 말거나, 혹은 어떤 풍족한 부르주아지가 자신이 선한 기독교인, 믿음이 깊은 개신교도, 충직한 시민, 미덕이 있는 사람 등등이 되는 것이 사명이라고 생각하거나 말거 나 양자는 하나이자 똑같은 '고정 관념'을 의미한다." 같은 책, 71쪽. "두 사람 간 의 충돌일 뿐만 아니라, 또한 한 사람이자 동일한 사람 내에서의 충돌이다." 같 은 책, 116쪽. "왜냐하면 비판가는 독단가와 동일한 영역, 생각의 영역에 머무르 기 때문이다." 같은 책, 232쪽. "결국 우리는 하나이자 같은 어머니, 요컨대 인류 의 자식이다." 같은 책, 270쪽. "당파와 내가 같은 목적을 끝까지 추구하는 한," 같은 책, 367쪽. "그 때문에 국가와 집단 빈곤은 하나이고 같은 것이다." 같은 책, 393쪽. "만인이 하나의 똑같은 복지를 가지고 있다면, 모두가 하나의 똑같은 복 지로 동등하게 잘살고 있는가?" 같은 책, 479쪽.

지에 따라 언제든지 연합을 폐기할 수 있다. 의지적 관계에 반대되는 것은 결합 관계, '의무'[66]이자 '당위'이다. 이것들은 내가 처리할 수 있는 관계가 아니라, '본질'이라는 의미에서도 내가 승인해야 하고 처리할 수 없는 외부에서 나에게 주어진 관계일 뿐이다. "뻔뻔한 사람과 고집 센 사람(Der Ungezogene und Widerwillige)은 여전히 자기자신을 자기자신의 의지에 따라 형성해 가는 과정에 있다. 그러나 조숙한 사람과 고분고분한 사람(der Altkluge und Willige)은 '유개념', 보편적 요구 사항 등등에 의해 규정된 사람이다. 유개념은 그런 사람에게 법이다. 그런 사람은 유개념에 의해 결정된(bestimmt) 사람이다."[67] 이러한 맥락에서 연합과 사회는 다르다. "어떤 연합이 굳어져 사회가 되면, 연합은 연합화(Vereinigung)를 멈출 것이다. 왜냐하면, 연합은 서로 끊임없이 연합하는 것이기 때문이다."[68] 연합은 흐름, 과정이다. 연합은 두(모든) 당사자가 의식적 자기중심성, 즉 자신의 의지를 통해 존

---

66) "사람들은 저 성스러운 것을 내면에 받아들였고, 저 성스러운 것을 자신의 모든 희망과 노력으로 엮어, 그것을 '양심이 마땅히 해야 할 일'로 만들었고, 그것에서 '성스러운 의무'를 만들어 냈다." 『유일자와 그의 소유』 141쪽. "의무 관념이 강한 사람이 자기자신, 자신의 확신과 자신의 의지를 가장 중요하게 생각할 수 있을까?" 같은 책, 176쪽, 그리고 수없이 나옴.

67) 같은 책, 283쪽.

68) 같은 책, 475쪽.

재하도록 요구한다. 만약 어느 한쪽이 고통스러워하는 자신을 조용히 깨닫고도, 겉모습을 유지한다면, 그 연합은 어떻게 될까? "연합이 흐름을 멈추게 되고, 정지되고, 고정된 것으로 퇴화했다는 것(그것은 연합으로서는 죽은 것이고, 연합 혹은 연합화의 시체이다)은 사회, 공동체가 되었다는 것이다."[69]

우리의 **연합**은 자기관심,[70] 자기향유,[71] 자기성취[72]의 것이다. 우리는 의무, 명예, 도덕성 또는 다른 대의에 얽매여 있기 때문이

---

69) 『유일자와 그의 소유』, 475쪽.

70) "내 사랑의 중요성이 완전히 자기에게 유용하고 자기중심적 관심에 있을 때만, 내 사랑은 나 자신의 것이고, 그렇게 내 사랑의 대상이 참으로 내 대상이거나 내 소유이다." 같은 책, 455쪽.

71) '자기중심성'은 당신에게 당신 자신의 기쁨, 자기향유(Selbstgenusse)를 불러일으킨다." 같은 책, 256쪽, "내가 세계와 교류하는 것은 내가 세계를 향유하는 것이고, 그래서 나의 자기향유를 위해 세계를 사용하는 것이다. **교류**는 **세계향유**이며 나의 자기향유에 속한다." 같은 책, 495쪽, "'자기자신의' 비판은 나의 자기향유 이외에는 아무것도 돌보지 않는다." 같은 책, 549쪽, "내가 다른 것을 섬겨야만 한다고 생각하기 때문에, 나 자신이 그에게 갚아야 할 의무가 있다고 망상하기 때문에, 나 자신이 '희생', '헌신', '열광'이라 불렸던 것을 보유하고 있기 때문에, 내가 자기향유를 싫어하게 된다." 같은 책, 557쪽, 그리고 다른 여러 곳에서.

72) "더구나 다른 사람이 내게 쓸모 있다면, 합의로 내 힘을 더 강화하기 위하여, 공동의 힘으로 개인의 힘이 실현할 수 있었던 것보다 더 성취하기 위하여, 의심할 바 없이 그와 타협한다. 이러한 결속에서 나는 내 힘의 상승만을 본다. 그리고 오로지 결속이 내 증가된 힘인 한에서만, 나는 결속을 유지한다. 하지만 이렇게 결속은 어떤—연합이다." 같은 책, 438쪽.

아니라, 우리 둘 다 그러한 **연합**에서 어떤 상호 유용[73]을 찾기 때문에, 공통의 그리고 공유된 목표를 위해 함께 모였다. 우리의 관계는 상호의존[74]과 호혜주의[75]라는 관계이다. 우리 둘 다 **연합**을 통해 원하는 것을 얻고, 만족한다. 우리는 소비하지만 소비되기도 한다.[76] 우리는 연합에 이용당하기도 하고, 연합을 이용하기도 한다.[77] 연합은 우리의 도구이자, 우리의 힘이며, 우리 자신의 필요, 욕망, 목적, 즉 우리 자신의 자기중심적 목적을 위해 만들어졌다.

---

73) '일반성'을 위한 희생은 전혀 일어나지 않을 것이다. 오히려 나는 나 자신의 유용을 위해서, 자기유용성에서 합의에 동의한다." 같은 책, 486쪽, "오히려 그 대신에 '자기중심성', '자기찾기(Selbstsucht)', '자기유용성' 따위에 몰두한다면," 같은 책, 517쪽, 그리고 다른 여러 곳에서.

74) "이러한 상호의존(Gemeinsamkeit)에서 나는 내 힘의 상승만을 본다. 그리고 오로지 상호의존이 내 증가된 힘인 한에서만, 나는 상호의존을 유지한다. 하지만 이렇게 상호의존은 어떤—연합이다." 같은 책, 483쪽.

75) "교류는 개인들 사이의 호혜주의(Gegenseitigkeit), 행위, **친밀한 관계**(commercium)이다." 같은 책, 338쪽, " 사람의 자기유용성은 **호혜주의**를 요구하고(그대가 나한테 하듯, 그렇게 나도 그대한테), 아무것도 '공짜로'(umsonst) 하지 않고, 노력하여 획득하고—보상을 치르고 얻을 것이다." 같은 책, 481-482쪽.

76) "세계가 나를 방해하고—모든 곳에서 나를 방해할 때—그때 나는 내 자기중심성의 배고픔을 멈추기 위하여 세계를 소비한다. 마치 나 역시 그대가 즐기면서 먹고, 사용하는(verbraucht) 것처럼, 나에게 그대는 모름지기—나의 양식이다. 우리는 서로서로 어떤 관계만을 맺고 있는데, 그 관계는 사용할 수 있음(Brauchbarkeit), 쓸모가 있음, 유용이다." 같은 책, 460쪽.

77) "왜냐하면 연합이 그대를 소유하는 것이 아니라, 오히려 그대가 연합을 소유하거나 연합을 이용하기 때문이다." 같은 책, 484쪽.

자기중심적 사람들의 **연합**은 자기관심의 연합, 힘의 연합이다.[78]

우리가 더 이상 우리 자신에게 이익이 되는 그러한 **결합**을 찾지 못할 때, 우리는 **연합**을 철회하고 종료한다. "개인들은 자유롭게 연합하고 다시 자유롭게 분리한다."[79] **연합**은 우리 자신의 개인적 힘, 자기소유의 의지라는 요청에 의해서만 존재한다. "자기소유의 의지는 자기의지의 통일을 위해, 연합을 위해 투쟁할 것이다."[80] 만약 우리가 다른 사람의 목적을 위해 일하고 있거나, 더 이상 즐기지 않거나, 새로운 활동을 원하지 않는다면, 우리는 연합을 철회하고 종료한다. 우리는 일생 동안 호혜주의와 상호의존을 바탕으로 의도적이고 즐거운 개인과의 많은 관계를 맺거나 그 관계를 그만둔다. 당신은 친구들이 당신에게 행복을 가져다주기 때문에 함께 어울리고, 친구들을 위해 요리하는 것은 친구들에게 즐거움을 주기 때문이며, 권위의 명령을 거부하고 저항하면서, 매일 다른 사람들과 자기중심적 활동을 공유하는 관계에 들어오고 그 관계에서 나가게 된다.

---

78) "이러한 상호의존(Gemeinsamkeit)에서 나는 내 힘의 상승만을 본다. 그리고 오로지 상호의존이 내 증가된 힘인 한에서만, 나는 상호의존을 유지한다." 같은 책, 483쪽. "그대는 연합 속으로 그대의 모든 힘, 그대의 능력을 가져와 자신을 가치있게 만든다." 같은 책, 485쪽.

79) 같은 책, 365쪽.

80) 『유일자와 그의 소유』, 358쪽.

정리하자면, 유일자는 개념이 아니라 나를 위해, 그대를 위해, 즉각적 순간에 각 특정한 개인을 위해 사용되는 공허한 이름인 것과 마찬가지로, 자기중심적 사람들의 연합도 개념이 아니라 각자가 즐기는 일을 하기 위해 함께 행동하는 개인들의 구체적 사례를 지칭하는 데 사용되는 이름이다. 이러한 의미에서, 유일자와 자기중심적 사람들의 연합이란 두 용어는 모두 비어 있는 용어라고 할 수 있다. 각자는 구체적 사례에서 내용을 가져오므로, 내용은 결코 순간순간 동일하지 않다. 내용은 결정된 속성이 없다. 그것은 말로 나타낼 수 없다. 이것이 바로 슈티르너가 말한 유일자나 자기중심적 사람들의 연합이 물화되고 신성화할 수 없고 우리 외부와 우리 위에서 지배하는 더 높은 힘으로 변할 수 없는 이유이다. '유일자'와 '자기중심적 사람들의 연합'의 비(非)개념적 성격은 슈티르너가 신성한 것을 파괴하고 고정관념의 노예화에서 벗어나려는 자기의지로 볼 수 있다. 슈티르너 사고의 비-개념적 측면과 그 과정은 슈티르너가 기존의 지배적 철학을 무너뜨리려는 방식일 수도 있다.

5 '나'는 '창조가 깃든 무'이다

자기중심적 사람들의 연합을 이해한 다음에야, 슈티르너는 궁극적으로 중요한 관계, 즉 나와 나 자신의 관계에 도달한다. 슈티르너는 "나의 자기향유"[81]라는 제목의 절에서 삶의 **즐거움**에 반대되는 **삶**의 단순한 가치를 설정한다. 그러니까 "**생존하는** 일만을 염려하는 사람은, 그러한 근심 때문에, 걸핏하면 삶을 향유하지 못하고 넘어간다."[82] 슈티르너는 질문한다. "어떻게 삶을 이용하는가?" "등불을 태워 사용하듯이, 삶을 소비하는 것이다. 사람들은 삶과 자신을 **소비함**으로써, 삶을 이용하고 그러므로 자신을, 곧 생동하는 자신을 이용한다. **삶의 향유**는 삶의 소비이다."[83] "오히려 내가 나 자신을 소비한다는 것은 내가 나로 있다는 것(dass Ich bin)을 의미할 뿐이다. 나는 나 자신을 전제하지 않는다. 왜냐하면 나는 매순간 나 자신을 정립하거나 창조하기 때문이다. 그리고 나라는 존재는 전제되는 것이 아니라, 오히려 정립되기 때문에, 나는 존재할 뿐이고, 다시, 내가 나 자신을 정립하는 순간에만 내가 정립되기 때문이다. 다시 말해 나는 창조자이

---

81) 같은 책, 제2부 2장 3절 제목이다. 495쪽.

82) 같은 책, 495쪽.

83) 같은 책, 496쪽.

자 창조물이다."[84] 단순한 삶의 가치라는 관점에서, 나는 보존되어야 할 객체이다. 하지만 삶의 즐거움이라는 관점에서, 나는 나 자신을 나의 모든 가치 관계의 주체로 이해한다. 이런 의미에서 슈티르너는 '나는 무엇인가?'라는 질문을 꾸짖을 수 있다. 그리고 그 질문을 '나는 누구인가?'라는 질문으로 대체한다. 이 질문은 질문을 하는 이 육체적 사람 안에 답이 있다.

'인간이란 무엇인가?'라는 개념적 질문이 '인간이란 누구인가?'라는 개인적 질문으로 바뀌었다. 그것을 실현하기 위하여, '무엇'을 사용하여 개념을 얻으려고 애썼다. 하지만 더 이상 '누가'를 사용하는 질문은 전혀 없다, 오히려 대답은 질문하는 사람 그 자신에게 개인적으로 있다. 질문 자체가 스스로 답한다.[85]

이것이 슈티르너가 '나'라고 말한 '무(無)'이다. "공허함의 의미에서 무(無)가 아니라, 오히려 창조가 깃든 무(das schöpferiche Nichts)"이다.[86] 그렇다면 도대체 '나'는 무엇인가? "나는 내 힘의

---

84) 같은 책, 238쪽.

85) 『유일자와 그의 소유』, 565쪽.

86) 같은 책, 12쪽. 그리고 다음을 보라. "창조자로서의 내가 모든 대의를 창조하는 '창조가 깃든 무'로 파악하는 한 가지 방법은 대의를 시간으로 생각하는 것입

소유자이다, 그것도 내가 자신을 유일한 나로 알고 있을 때 그렇다. 유일한 나 속에서 소유자 자신은 자신이 태어난 창조가 깃든 무로 되돌아간다."[87] 나는 내 힘의 소유자이자 창조가 깃든 무이다. 다시 말해, 당신은 아무것도 아니고, 당신은 단어가 아니고, 당신은 개념이 아니고, 당신은 관념이 아니고, 당신은 이 모든 것보다 그 이상이다. 당신은 유일하다. "나는 어떤 다른 나들(Ichen)과 함께하는 그 나가 아니라, 오히려 유일한 나이다. (……) 한마디로 말하면 나에 관한 모든 것이 유일하다."[88] 당신이 '무엇'인지를 결정하는 데 사용되는 모든 단어는 즉시 실패한다. 왜냐하면 당신은 단어로 결정될 수 없기 때문이다. 단어는 언제나 단어일 뿐이고, 단어는 당신이 아니며, 결코 당신이 될 수도 없다.[89] 당신은 당신이고, 당신은 거기에 있는 유일한 당신이다. 슈

니다. 슈티르너가 유일자가 되는 진정한 방법은 '시간이 모든 것을 해체하듯이 (auflöst) 자기자신을 해체한다면'이라고 썼을 때, 바로 이것을 암시하는 것입니다." 옮긴이 해제, 같은 책, 597쪽 참조.

87) 같은 책, 565쪽.

88) 같은 책, 558쪽. "실제로 나는 비교할 수 없는 존재이며, 유일한 사람이다." 같은 책, 218쪽. "모든 사람이 자신을 머리 꼭대기에서 발끝까지 유일하다고 주장할 때." 같은 책, 323쪽. "게다가 그런 것들은 내가 유일하다는 이 자각의 태양 앞에서만 무색해진다." 같은 책, 565쪽.

89) "세상 사람이 신에 대해 '신한테 이름 짓지 마라'라고 말한다. 이 말은 나에게도 해당한다. 어떤 개념도 나를 표현하지 않으며, 내 본질이어야만 한다고 말하는 어떤 것도 나를 충분히 자세하게 말하여 표현하지 못한다." 같은 책, 565쪽.

티르너의 비판은 누군가에게 개념적 정체성이 주어지면, 누군가는 그 정체성의 역할을 수행해야 하고, 우리는 상징적 정체성의 개념적 내용을 향해 노력하거나 열망해야 하며, 그러한 관념을 신성한 관념으로 간주해야 한다는 점을 지적했다.

따라서 슈티르너가 '창조가 깃든 무'라는 문구에서 '무'에 대해 말할 때, 슈티르너는 자신에 대해 어떤 개념이 아니라 비개념, 즉 언어와 단어의 영역을 넘어서는 어떤 것으로 말하고 있는 것이다. "유일자는 그저 이름일 뿐이기 때문이다. 유일자는 그대는 그대이고, 그대는 그대 이외에 아무것도 아니라는 것, 그대는 **유일한 그대**이거나 그대 그 자신이라는 것을 말할 뿐이다."[90] '나'는 의미, 목적, 그리고 충실의 원천인 '창조가 깃든 무'이다. 이 '나'는 외부의 대의로부터 의미, 목적, 그리고 충실을 철회할 수 있다. 이는 외부의 대의가 '존재하지 않음'으로 사라진다는 의미가 아니라, 그 개인이 자기자신의 대의가 될 수 있다는 의미이다. 슈티르너는 '무'이다. 왜냐하면 슈티르너가 무엇인지, 혹은 우리 중 그 누구가 무엇인지 표현할 단어가 없기 때문이다. 이를 가장 잘 보여주는 예는 아마도 슈티르너 자신의 말일 것이다.

---

90) 『슈티르너 비평가들』, 153쪽.

"나는 나이다."[91]

국민의 **나**는 **나**가 아니라 어떤 유령이다. 내가 나 자신을 만든다는 사실, 즉 나를 만드는 일이 다른 사람의 일이 아니라, 나 자신의 일이어야만 한다는 이 사실에 의해서만 나는 **나**이다.[92]

나는 인간이나 남자, 또는 당신이 나를 설명하는 데 사용할 수 있는 다른 어떤 개념적 정체성도 아니다. 나는 항상 나 자신일 뿐이고, 모든 단어는 단지 나의 서술자, 속성일 뿐, 결코 실제로 '나일' 수는 없다. 그런 다음 창조가 깃든 무의 첫 번째 사례를 살펴보면, 슈티르너가 '그의 무'에서 '모든 것'을 창조하고 있음을 알 수 있다. 또는 슈티르너가 말했듯이 "나 자신이 창조자로서 모든 것을 창조하는 무이다."[93] 슈티르너가 개념적으로 무라면, 그는 자신의 비개념적 존재로부터 자신을 창조하고 있는 것이다. 제이슨 맥퀸은 이것을 다음과 같이 비유한다. "여기서 개념적 이해는 비개념적 살아 있는 이해 자체의 과정으로서 비개념적 이해(또는 선개념적(preconceptual), 신체적, 지각적 또는 살아 있

---

91) 『유일자와 그의 소유』, 224쪽.

92) 같은 책, 360쪽.

93) 같은 책, 12쪽.

는 이해)의 보다 근본적 수준 위에 구축된 것으로 간주된다."[94] 나의 창조적 무(無)는 나의 순간순간의 상호작용과 나의 세계와의 만남에서 내가 만나고 경험하는 비개념적 내재적 경험이다. 내가 개념적으로 나 자신을 창조할 수 있고, 내 세계에 대한 나의 비개념적 경험을 가장 잘 표현한다고 생각하는 어떤 개념적 방식(언어, 글, 상징 등)으로 나 자신을 표현할 수 있는 것은 바로 이러한 비개념적 생생한 경험으로부터이다. 마지막으로 슈티르너가 정작 누구에게 무엇을 말하기 위해 글을 썼는지 『슈티르너 비평가들』과 『유일자와 그의 소유』를 연결하여 음미하길 바라며 이 글을 마치려고 한다.

겉보기에, 슈티르너의 책은 **인간**에 대해 쓴 것이다. 그는 '자기중심적 사람'이란 단어에 가장 가혹한 판단을 내렸고 가장 완고한 편견을 불러일으켰다. 그렇다, 이 책은 실제로 **인간**에 대해 쓴 것이다. 그럼에도 불구하고 슈티르너가 감춰진 면을 뒤집어 "그는 **인간답지 않은 인간**에 대해 쓴 것이다"라고 말했다면, 그는 사람들을 그렇게 심하게 기분 상하게 하지 않고 같은 목표를 향해 나아갈 수 있었을 것이다. 하지만 누군가가 반대로 감정적으로 그를 오해하여 그를 '진정한 인간'을 위해 자신들의 목소리를

---

94) McQuinn, "Introductions", p. 11.

높이는 사람들의 목록에 올렸다면, 그때 그 일은 그 자신의 탓일 것이다. 슈티르너는 다음과 같이 말한다. "인간은 인간답지 않은 인간이다." 인간이라는 것은 인간답지 않은 것이고, 인간에 대해 말하는 것은 인간답지 않은 인간에 대해 말하는 것이다.[95]

> 인간답지 않은 인간이 무엇인지 알기 쉽게 말하는 것은 정말 힘들지 않다. 그러니까 인간답지 않은 인간다움이 인간이라는 개념에 해당하지 않는 어떤 인간다움이듯이, 인간답지 않은 인간은 인간이라는 개념과 일치하지 않는 어떤 인간이다. (……) 오로지—인간답지 않은 인간이 현실의 인간이다.[96]

"그가 인간답지 않은 인간이기 때문에, 그는 말할 것도 없이 자연히 완전한 인간인 아주 공통의 유일자를 위해 글을 쓴다."[97] 유일자는 '창조가 깃든 무'이자 창조자이다. 우리의 세계를 창조하는 것이 우리의 자기 자각에서 나온다는 점에서, 우리의 세계를 창조하는 것은 우리 자신의 관심이다. 우리가 생각하고, 말하고, 느끼고, 살고, 존재하게 될 때, 우리의 자각, 즉 우리의 자기

95)『슈티르너 비평가들』, 172쪽.
96)『유일자와 그의 소유』, 275쪽.
97)『슈티르너 비평가들』, 174쪽.

중심성으로 세상을 창조한다. 그러므로 세계는 정말로 우리의 소유이며, 우리의 즐거움과 소비에 열려 있다. 우리가 세계를 소유할 수 있는 한, 우리가 세계를 움켜잡을 수 있는 한 그렇다.

찾아보기

슈티르너 비평가들

1판 1쇄 발행 2024년 11월 25일

지은이 | 막스 슈티르너
옮긴이 | 박종성
표지 그림 | 민효정

펴낸이 | 조영남
펴낸곳 | 알렙

출판등록 | 2009년 11월 19일 제313-2010-132호

주소 | 경기도 고양시 일산서구 중앙로 1455 대우시티프라자 715호

전자우편 | alephbook@naver.com
전화 | 031-913-2018, 팩스 | 031-913-2019

ISBN 979-11-89333-87-4 93160